GCSE
Revision Guide
GERMAN

Harriette Lanzer and
Anna Lise Gordon

MARY GLASGOW PUBLICATIONS

Designed by Ennismore Design, London
Illustrations by Linda Jeffrey
Cassette recorded by Graham Williams at The Speech Recording Studio with the voices of Stephen Boge, Michael Hülsmann, Sabine Michael and Gertrude Thoma.

© Harriette Lanzer and Anna Lise Gordon 1997
The right of Harriette Lanzer and Anna Lise Gordon to be identified as author of this work has been asserted by them in accordance with the Copyright, Designs and Patents Act 1988.

This guide may only be photocopied within the purchasing institution.

First published in 1997 by
Mary Glasgow Publications
an imprint of Stanley Thornes (Publishers) Ltd
Ellenborough House
Wellington Street
Cheltenham
GLOS GL50 1YW

97 98 99 00 01 / 10 9 8 7 6 5 4 3 2 1

A catalogue record for this book is available from the British Library.

ISBN 0 7487 2753 1

Printed and bound in Great Britain by The Baskerville Press, Salisbury, Wiltshire

Contents

GCSE GERMAN

Introduction and exam words   4

Study skills

Vocabulary   5

Listening   6

Speaking   7

Reading   8

Writing   9

Topic-by-topic revision

Die Familie   10

Die Schule   19

Die Freizeit   28

Zu Hause   37

Die Umgebung   46

Das Essen   55

Die Gesundheit   64

Das Einkaufen   73

Die Ferien   82

Die Unterkunft   91

Der Verkehr   100

Die Umwelt   109

Die Ausbildung   118

Der Austausch   127

Die Medien   136

TEACHER'S NOTES

Introduction

The *GCSE Revision Guide: German* is aimed at students in the run up to their GCSE exams. As well as providing general exam revision advice, the pack covers 15 key GCSE topic areas.

Each area is treated as follows:
- **Vokabular** 2 pages of vocabulary, phrases and revision activities on the topic
- **Hören** 1 page of listening activities (with tape)
- **Sprechen** 1 page of speaking activities, including role plays, general questions and preparing an extended answer/talk
- **Lesen A/B** 2 pages of reading activities
- **Schreiben** 1 page of writing activities
- **Tapescript** 1 page
- **Answers** 1 page of sample answers to all activities.

The topic-by-topic sheets in the four skill areas are designed as practice rather than assessment materials for your students. Sample answers are provided for each activity so they can check their work and see an example of what they should be aiming for. The pack does not set out to give students a 'score' for each topic, but rather it concentrates on helping them to improve their skills in each area. It is expected that students will have covered the topic in class before they do any of the activities in this pack.

Each sheet covers a range of levels, [F] foundation, [F/H] foundation/higher and [H] higher, to help you target the suitability of each task to the students. Students can themselves choose which level they wish to reach for each area, but it is expected that they will all complete the foundation tasks.

Each activity is accompanied by a specific tip (given in the right-hand margin) to help students tackle exam-style questions; you might find it useful to work on some of these tips with the class as a whole to help them develop their own exam strategies.

- The sheets can be used by students independently, in class or for homework.
- The speaking sheets lend themselves particularly well to small group work with the foreign language assistant.
- If students have access to computers, it would be a good idea if they word-process the writing tasks and then re-draft and correct them afterwards under guidance. They could then print their work so they have a set of personalised texts to revise from.
- It is recommended that you provide each student with a copy of the accompanying tape so they have access to the listening materials for those activities.
- Please note that this pack incorporates the German spelling reforms of 1996.

KEY EXAM WORDS

Beantworte	Answer	Richtig	True, correct
Lies	Read	Falsch	Wrong, false
Schreib (auf)	Write	Was passt zusammen?	What goes together?
Hör zu	Listen	die Antwort	Answer
Sag	Say	die Frage	Question
Sprich	Talk	der Brief	Letter
Sieh an	Look	der Text	Text
Beschreib	Describe	das Wort (Wörter)	Word
Beschrifte	Label	der Satz (Sätze)	Sentence
Nenn	Name	der Buchstabe	Letter (of alphabet)
Vervollständige	Complete	die Beschreibung	Description
Bereite	Prepare	das Bild (Bilder)	Picture
Kreuze an	Cross off	das Formular	Form
Ergänze	Complete	die Tabelle	Grid
Trag ein	Fill in	die Lücke	Gap
Füll aus	Fill in	die Liste	List
Unterstreiche	Underline	das Wörterbuch	Dictionary
Ordne (zu)	Order	auf Englisch	in English
Wähl aus	Choose	auf Deutsch	in German
Stell Fragen	Ask questions	neben	next to
Mach einen Haken	Put a cross	unten	under

© Mary Glasgow Publications 1997

Vocabulary

STUDY SKILLS

In all the exam papers, you will need to know a fair bit of German vocabulary to do well. Make sure that vocabulary learning is one of your priorities.

VOCABULARY IDEAS

Here are some ideas to help you learn **vocabulary** for your exam. Add some ideas of your own in the space at the bottom.

1. If you learn 5 German words each day, by the end of the year you will have learned 1,825 words (or 1,830 in a leap year!).

2. When you're learning German nouns, don't learn all the plurals as well. Just focus on plurals you think you will need. For example, you're more likely to need the plural of *Katze* (*Katzen*) than *Regierung* (*Regierungen*).

3. If you're using the vocabulary sheets from this pack, highlight the words that are important for you and concentrate on those ones first.

4. Get into the habit of writing words down in your vocabulary book. And don't just forget about them! Carry your vocabulary book around with you wherever you go and look at the words when you've got a spare minute.

5. Don't forget to learn some set phrases as well as individual words. It's no good having a wide vocabulary, if you don't know how to use the words.

6. Ask your family and friends to test you on your vocabulary. They don't have to be German-speakers as they can see the German word and will know if you say the right or wrong thing.

7. If you come across a word you don't understand, you'll find the answer in a dictionary. It's a good idea to practise using a dictionary – if you want to make good use of one in the exam, you really need to know how to use it properly.

8. Remember that all German nouns are masculine (*der*), feminine (*die*) or neuter (*das*). Try and learn as many of these genders as you can, but if you're struggling with them, concentrate on the noun itself and try to remember the correct spelling.

9. Test yourself on your German vocabulary wherever you go! Just look around you: What can you see? How many of those things can you name in German? If you're with a friend who's doing German GCSE, you could play a game and take it in turns to see who can name the most things.

© Mary Glasgow Publications 1997

STUDY SKILLS

Listening

Working with this guide

For the *Hören* sheets, you will need the tape that accompanies this pack. In the exam, you will hear each extract twice, so when doing these practice activities, play the tape once, then rewind it and listen to it again.

Once you have completed an activity, check your answer on the answer sheet, and write in any corrections. Listen to the recording once more with the correct answers to check that you understand it properly. Don't forget to look at the tapescript to help you understand any parts you are finding difficult.

REVISION IDEAS

Here are some ideas to help you revise for the **listening** part of your exam. Add some ideas of your own in the space at the bottom.

1. Listen to as much German as possible while you are revising. Try to pick up a German station on the radio, or see if you can watch German television on satellite.

2. If possible, borrow tapes from your teacher from school course books and stories. Then listen to them at home to give you extra practice in German.

3. Record yourself and friends speaking on tape. Then play the tape and check you can understand it.

4. Don't be afraid to listen and read at the same time. Use the tapescripts in this pack to help you get used to the sounds of German.

5. Use the tape from this pack and choose one activity. Just listen to the recording and try to write down exactly what the speaker is saying. Don't worry about doing the actual activity on the sheet. Then check what you have written with the tapescript provided.

6. On the way to the listening exam, listen to a German tape on your walkman. You'll be 'tuned in' for the exam then.

7. As with the other exam papers, you will need to know a fair bit of German vocabulary to do well. Make sure that vocabulary learning is one of your priorities.

EXAM IDEAS

Here are some ideas to help you when you are doing the **listening** exam. Add some ideas of your own in the space at the bottom.

1. Remember that you will hear the tape TWICE. So, don't panic if you can't get all the answers on the first hearing.

2. Make sure you are ready for when the examiner starts the recording. Don't miss out on the answers just because you're sharpening your pencil, or blowing your nose!

3. Some exam boards allow you to use a dictionary in the listening exam. However, you don't have a lot of time, so only look words up if a) you are absolutely sure you heard the word properly, and b) you know how it is spelled. Otherwise, you could waste a lot of time.

4. The recording might have sound effects in the background. Use these sounds to help you understand meaning.

5. You often don't have to understand every word to be able to do the activity, so don't panic if there is a sentence or two on the tape that you can't understand.

6. Always read the questions on the exam paper before the recording starts. That way, you'll be one step ahead already.

7. The tape has quite long pauses between activities, so make sure you don't lose concentration. Stay alert for the start of the next activity.

© Mary Glasgow Publications 1997

Speaking

STUDY SKILLS

Working with this guide

You can either work with a partner on the *Sprechen* sheets or on your own. If you are working with a partner, one of you should take the part of the examiner and ask the questions in the boxes. If you are working on your own, read the examiner's questions out loud and give your reply.

You can compare your answer with the sample answers given and write down any sentences or phrases that you think might be particularly useful to learn.

It's a good idea to prepare the *Themen vorbereiten* section for each topic, as this will prepare you for giving an extended answer.

REVISION IDEAS

Here are some ideas to help you revise for the **speaking** part of your exam. Add some ideas of your own in the space at the bottom.

1. Make sure that you have prepared answers to the general questions (on the left-hand bottom corner of each *Sprechen* sheet). These are all questions which you ought to know.

2. Talk to yourself in German in a mirror or record yourself on tape to get used to saying the German sounds.

3. Always participate in class speaking activities – that way your teacher or foreign language assistant can help you improve your pronunciation and vocabulary.

4. Find a speaking partner with whom you can practise role plays and interviews. Try and help each other with new words and getting the sounds right.

5. Listening to others speak German will also help you speak; see the listening revision ideas on page 6.

6. Record some key questions on to a tape, leaving a pause between each one. A week or so later listen to your questions and give the answers in the pauses. Add to your tape to build up a bank of questions.

7. As with the other exam papers, you will need to know a fair bit of German vocabulary to do well. Make sure that vocabulary learning is one of your priorities.

EXAM IDEAS

Here are some ideas to help you when you are doing the **speaking** exam. Add some ideas of your own in the space at the bottom.

1. Speak clearly! Try not to mumble, and even if you're not feeling confident, try to sound it! Also, don't be embarrassed to speak with a good accent to sound as German as possible.

2. The more details you can give in answer to a question, the fewer questions you will be asked. So, give full answers, and don't just say *ja* or *nein*.

3. Don't be put off by the fact that you are being recorded on tape.

4. If you realise you have made a mistake, just say *Entschuldigung* and give the correct answer. Don't get flustered by mistakes – just concentrate on what the examiner is asking you.

5. Make sure you give your opinion on things when you are speaking. They will make you sound interesting and more fluent. Negative opinions are just as valid as positive ones.

6. Use your preparation time wisely. If you are allowed a dictionary, don't waste too much time looking up words. Spend the time concentrating on things you are unsure of, rather than the easy parts.

7. Show off in the exam! If you are confident about your spoken German, show the examiner what you know by using more complex word order and a wide vocabulary.

© Mary Glasgow Publications 1997

STUDY SKILLS

Reading

Working with this guide
Once you have completed an activity on the *Lesen* sheets, you can check your answer with the answers given and note down any sentences or phrases that you think might be particularly useful to learn.

REVISION IDEAS

Here are some ideas to help you revise for the **reading** part of your exam. Add some ideas of your own in the space at the bottom.

1 Try to read as much German as possible. Ask your teacher if she/he has any German magazines or stories you can read at home. Or if you've got access to the internet, look up some German pages there.

2 Use the reading sheets in this pack to get used to different types of reading activities. You'll soon find that many of them follow a similar formular, so if you're familiar with that, the exam won't seem so daunting.

3 If you want extra reading practice, you can use the tapescripts in this pack as reading material. Read them through and see how much you can understand.

4 If you've got a penfriend, ask him/her to write to you regularly in the time before the exam. He/she might also be able to send you up-to-date reading materials in German.

5 Find a text and try to write your own questions or true/false statements on it. Pass your activity on to a partner to do.

6 When you read a text, pick out some key words or phrases to learn. Look at the text a few weeks later and see how many of the words you can remember.

7 As with the other exam papers, you will need to know a fair bit of German vocabulary to do well. Make sure that vocabulary learning is one of your priorities.

EXAM IDEAS

Here are some ideas to help you when you are doing the **reading** exam. Add some ideas of your own in the space at the bottom.

1 Don't make silly mistakes by rushing a seemingly easy question. Take your time and get it right.

2 Don't look at a long passage of German and panic! Read it through systematically and you'll probably be pleasantly surprised at how much you can understand.

3 Check your answers in any spare time at the end of the exam.

4 Read what the question is asking you to do. Don't jump to conclusions about any of the tasks, but read each one through carefully.

5 Don't get stuck on a reading activity. If you are having problems with one task, move on to the next one as you might find it easier. Remember to go back to the uncompleted tasks at the end to have another go.

6 Don't spend ages looking up words in the dictionary. Only look up words which you feel are crucial to the task. Remember that you often don't have to understand every word to complete the task.

7 Use any pictures, photos, headings or slogans to help you understand the text.

© Mary Glasgow Publications 1997

Writing

STUDY SKILLS

Working with this guide

Once you have completed an activity on the *Schreiben* sheet, check your answer on the answer sheet or ask your teacher, and write in any corrections.

Compare your answer with the sample answers given and write down any sentences or phrases that you think might be particularly useful to learn.

REVISION IDEAS

Here are some ideas to help you revise for the **writing** part of your exam. Add some ideas of your own in the space at the bottom.

1. Practise writing formal and informal letters and make sure you know greetings and farewells to write in a letter.

2. When you're learning vocabulary, try and remember the spellings accurately. Also, remember which words (i.e. nouns) need capital letters.

3. Practise your writing by sending letters to a penfriend, contacting German people via the internet or by writing texts for your foreign language assistant.

4. Learn set phrases for expressing opinions in different situations and make sure you know the past tense, as it is bound to come up.

5. Learn your grammar. To get top marks, you will need to show a good understanding of German grammar. *The Key to German Grammar*, MGP ISBN 0 7487 1923 7 will help you with the things you need to know (*weil/dass* clauses, word order, past tense, future tense, etc.).

6. Work with a partner and write texts on computer. You can then re-draft your work with the help of your teacher or foreign language assistant. You or your partner can also add to the text as you learn more German.

7. As with the other exam papers, you will need to know a fair bit of German vocabulary to do well. Make sure that vocabulary learning is one of your priorities.

EXAM IDEAS

Here are some ideas to help you when you are doing the **writing** exam. Add some ideas of your own in the space at the bottom.

1. Write clearly and neatly! If the examiner can't read your handwriting, he/she can't give you marks.

2. Read the question carefully and make sure you answer all the points it asks you to write about. You won't get full marks if you've forgotten to write about something.

3. See how many words you are asked to write for each task, and don't write loads more or much less than that.

4. Use the material in the question to help you write your answer. Quite often there will be words or phrases which you can re-use or adapt in your text.

5. Don't write an English word if you can't think of the German word. It's better to think of another way to say what you need to. For example, if the question is: "Ask a friend to take the dog for a walk." *Don't write Kannst du bitte den Hund walken.* An alternative could be: *Kannst du bitte mit dem Hund zum Park gehen?*

6. Use varied language in your writing and include as many tenses, opinions and structures as you feel confident about.

7. If you're not sure about what to write for a longer text, make some headings for yourself and write some notes on the subject to help focus your mind on the content for a few moments before you start writing the text.

© Mary Glasgow Publications 1997

Vokabular

DIE FAMILIE

DETAILS

der Name (n)	name
der Vorname (n)	first name
der Nachname (n)	surname
das Geburtsdatum (-daten)	date of birth
der Geburtsort (e)	place of birth
der Wohnort (e)	place of residence
die Adresse (n)	address
die Postleitzahl (en)	postcode
die Telefonnummer (n)	phone number
die Unterschrift (en)	signature

PEOPLE

die Familie (n)	family
die Mutter (¨)/Mutti (s)	mother/mum
der Vater (¨)/Vati (s)	father/dad
die Eltern (pl)	parents
die Frau (en)	wife, woman
der Mann (¨er)	husband, man
das Baby (s)	baby
das Kind (er)	child
das Einzelkind (er)	only child
der Bruder (¨)	brother
die Schwester (n)	sister
die Geschwister (pl)	brothers and sisters
der Zwilling (e)	twin
der Sohn (¨e)	son
die Tochter (¨)	daughter
der Cousin (s)	cousin (m)
die Cousine (n)	cousin (f)
der Onkel (-)	uncle
die Tante (n)	aunt
der Neffe (n)	nephew
die Nichte (n)	niece
die Großeltern (pl)	grandparents
die Großmutter (-mütter)	grandmother
der Großvater (-väter)	grandfather
die Oma (s)/Omi (s)	grandma
der Opa (s)/Opi (s)	grandad
der Partner (-)	partner (m)
die Partnerin (nen)	partner (f)
der Freund (e)	friend (m)
die Freundin (nen)	friend (f)
der Jugendliche (n)	youth, teenager
das Mädchen (-)	girl
der Junge (n)	boy
die Leute (pl)	people

STATUS

adoptiert	adopted
Halb-	half-
Stief-	step-
ledig	single
verlobt	engaged
verheiratet	married
geschieden	divorced
getrennt	separated
tot	dead
verwitwet	widowed

VERBS

geboren werden	to be born
erziehen	to bring up
heiraten	to marry
zusammenleben	to live together
sterben	to die

CHARACTER

brav	good, well-behaved
fleißig	hard-working
fröhlich/glücklich	happy
gut/schlecht gelaunt	good/bad tempered
hilfsbereit	helpful
intelligent	intelligent
lustig	funny
nett	nice
zufrieden	content
schüchtern	shy
sympatisch	likeable, kind
dumm/doof	stupid
faul	lazy
frech	cheeky
launisch	moody
nervös	nervous
neugierig	curious, nosey
traurig	sad
(un)höflich	(im)polite
(un)freundlich	(un)friendly
(un)geduldig	(im)patient
(un)pünktlich	(un)punctual

APPEARANCE

attraktiv	attractive
dick	fat
dünn/schlank	thin/slim

© Mary Glasgow Publications 1997

Vokabular

DIE FAMILIE

klein	short, small
groß	tall, big
mager	skinny
mittelgroß	medium height
rundlich	rounded
gutaussehend	good looking
schön	beautiful
hübsch	pretty
häßlich	ugly
alt	old
jung	young

HAIR

der Bart (¨e)	beard
der Schnurrbart (-bärte)	moustache
blondes Haar	blonde hair
dunkel	dark
gefärbt	dyed
hell	light
kurz	short
lang	long
glatt	straight
lockig	curly

PETS

das Haustier (e)	pet
der Hund (e)	dog
die Katze (n)	cat
der Fisch (e)	fish
der Hamster (-)	hamster
die Maus (¨e)	mouse
das Kaninchen (-)	rabbit
das Meerschweinchen (-)	guinea pig
der Wellensittich (e)	budgerigar

EXTRA

alleinstehende Mutter	single mother
der Enkel (-)	grandson
die Enkelin (nen)	granddaughter
das Pflegekind (er)	foster child
der Schwager (¨)	brother-in-law
die Schwägerin (nen)	sister-in-law
die Schwiegermutter (¨)	mother-in-law
der Schwiegervater (¨)	father-in-law
der/die Verwandte (n)	relation
die Witwe (n)	widow
der Witwer (-)	widower

PHRASES

Ich heiße ...	My name is ...
Ich komme aus ...	I come from ...
Ich wohne in ...	I live in ...
Ich habe einen Bruder und eine Schwester.	I've got a brother and a sister.
Ich bin ... Jahre alt.	I'm ... years old.
Ich habe einen Hund.	I've got a dog.
Meine Telefonnummer ist ...	My phone number is ...
Meine Adresse ist ...	My address is ...
Ich habe am 24. Februar Geburtstag.	My birthday is on 24 February.
Ich wohne mit meiner Mutter zusammen.	I live with my mother.
Ich verstehe mich gut/schlecht mit ...	I get on well/badly with ...
Ich komme mit meiner Familie gut aus.	I get on well with my family.
Ich kann meinen Bruder nicht ausstehen.	I can't stand my brother.

Wie sagt man das auf Deutsch?
a I've got two sisters and one brother.
b I live in Manchester.
c I've got a dog.
d I'm 14 years old.
e My phone number is 654 321.
f My birthday is on 14 March.
g I live with my parents.
h I'm hard-working and intelligent.
i My sister is divorced.
j My grandparents are dead.

Vervollständige die Sätze.
a Ich wohne in ...
b Ich komme aus ...
c Ich bin ... Jahre alt.
d Meine Haustiere sind ...
e Meine Charaktereigenschaften sind ...
f Ich bin (Aussehen) ...
g Ich mag meine Familie sehr, weil ...

Die Antworten findest du in der Vokabelliste, oder frag deinen Lehrer/deine Lehrerin.

Hören

DIE FAMILIE

1 *[F]* Jemand buchstabiert vier Straßennamen. Schreib die Namen auf.

1. PETERSTRABE
2. SRLZ
3. THOMASALLEE
4. KARLDOLF

You hear the tape twice, but if you're still not sure of the answer after the second hearing, look carefully at your answer. Try to fill in any gaps by using your common sense: For example, if you've heard PETERSTR... the likely answer is *Peterstraße* as the question is about street names and *Straße* means street.

2 *[F/H]* Interview mit Thomas. Kreuze die richtige Antwort an.

1 Der Junge heißt
a) Thomas Morbach
b) Thomas Mohrbach
c) Thomas Moorbach

4 Er hat
a) kurze, blonde Haare ✓
b) kurze, braune Haare
c) lange, blonde Haare

2 Er ist
a) 16 Jahre alt
b) 15 Jahre alt ✓
c) 14 Jahre alt

5 Er ist
a) sportlich und nett ✓
b) sportlich und ernst
c) lustig und hilfsbereit

3 Er hat
a) einen Bruder und eine Schwester
b) einen Bruder und zwei Schwestern ✓
c) zwei Schwestern und keine Brüder

6 Er kommt aus
a) der Schweiz
b) Deutschland
c) Österreich ✓

Try never to leave an answer on your exam paper blank even if you can't hear the answer. On a multiple choice question like this one, you've got a 1 in 3 chance of getting a mark just by making a guess.

3 *[F/H]* Yildaz beschreibt sich. Hör zu und füll das Formular aus.

Familienname: SCHOLL
Vorname: ELDRZ
Geburtsdatum: K
Geburtsort:

Wohnort:
Nationalität: TÜRKE
Adresse: SCHARNETZERSTR
Telefonnummer: 43 65 12

Don't panic if you don't get all the information you need on the first listening. Fill in as many details as possible, then listen again and fill in the gaps. After the second listening, look at your answer and make an intelligent guess at any gaps. So, if you hear that Yildaz is born on *23. Mai*, but don't hear the year, just fill in *23. Mai* and make a guess at a year.

4 *[H]* Michaela ist eine alleinstehende Mutter. Jemand interviewt sie. Sind die Sätze unten richtig (✓) oder falsch (✗)?

a) Michaela hat keinen Mann.
b) Saskia ist vier Jahre alt.
c) Michaelas Freund ist verschwunden, als sie schwanger geworden ist.
d) Michaela musste sich nur während des Tages um Saskia kümmern.
e) Michaelas Freundinnen haben ihr geholfen.
f) Michaela hatte nicht genug Geld.
g) Michaela möchte lieber, dass Saskia bei ihrem Vater wohnt.

Always read the questions before you listen to the recording. This will help you to focus on what the text is about. For example, in this activity you can already work out that you are going to be listening to an interview with a single mother about the problems of bringing up her daughter Saskia. What other information can you find from the statements?

© Mary Glasgow Publications 1997

Sprechen

DIE FAMILIE

1 *[F]* Sieh dir das Formular an und beantworte die Fragen.

Name: Joachim Schulz
Alter: 16
Haustiere: Hund, Katze
Geschwister: 1 Bruder
Adresse: Poststraße 56, Altdorf

1 Wie heißt du?
2 Kannst du das bitte buchstabieren?
3 Wie alt bist du?
4 Wo wohnst du?
5 Hast du Haustiere?
6 Hast du Geschwister?

You are bound to be asked about your personal details in the speaking exam, so make sure you can talk about yourself before you go into the exam. Have a go at answering the questions on this page to see how much you already know and what you still need to learn.

2 *[F/H]* Sieh dir das Formular an und beantworte die Fragen.

Vorname: Kai
Familienname: Eberhardt
Geburtsdatum: 23.03.83
Staatsangehörigkeit: deutsch
Aussehen: schlank; kurze, braune Haare

1 Wie ist dein Vorname?
2 Wie schreibt man deinen Namen?
3 Wann hast du Geburtstag?
4 Woher kommst du?
5 Wie siehst du aus?
6 Was sind deine Eigenschaften?

3 *[H]* Hier ist eine Beschreibung deines neuen englischen Brieffreundes. Beschreib ihn auf Deutsch.

Tim Pierce, 18

Use the preparation time before the exam to think about how you can get around any words you don't know. For example, if you can't remember how to say that somebody likes listening to music, just say *Er ist Musikfan* or *Musik findet er toll* instead.

■ Beantworte diese Fragen.

Wie alt bist du?

Wo wohnst du?

Hast du Geschwister?

Kannst du bitte deinen Namen buchstabieren?

Was für Haustiere hast du?

Wann hast du Geburtstag?

Wie sieht deine beste Freundin aus?

Welche Charaktereigenschaften hast du?

Beschreib deine Familie.

Wie verstehst du dich mit deiner Familie?

■ Bereite einen kleinen Vortrag über dich selbst vor.

Ich heiße ...

Ich bin ... Jahre alt.

Ich bin am ... geboren.

Ich habe (Familie + Genaueres) ...

Ich bin (Charakter) ...

Ich bin (Aussehen) ...

Meine Adresse ist ...

Das buchstabiert man ...

© Mary Glasgow Publications 1997

DIE FAMILIE
Lesen A

1 *[F]* Lies das Formular und wähl die richtige Antwort aus.

a) Wie alt ist Peter?   16   17   18
b) Wie viele Geschwister hat er?   1   2   3

Nachname:	Neuberg
Vorname:	Peter
Alter:	siebzehn
Haustiere:	Hund/Schlange
Geschwister:	einen Bruder
	zwei Schwestern

Don't jump to conclusions as soon as you start a question, but read it carefully. For example, just because you see *einen Bruder* in the text, don't assume that 1 is the right answer to question b).

2 *[F]* Lies das Schild im Tiergeschäft und trag die Preise ein.

a) DM   b) DM

TIEREPARADIES: unsere Kosten
Wellensittiche: ab DM 25,-
Hunde: ab DM 124,-
Mäuse: ab DM 9,-
Meerschweinchen: ab DM 20,-
Schildkröte: ab DM 100,-
Kaninchen: ab DM 30,-

Use a process of elimination if you're not sure of the answer. For example, work out which words on the pet list you already know and cross them out if they aren't a dog or tortoise. Then look at the remaining words and try to remember which ones mean dog and tortoise.

3 *[F]* Lies die Beschreibung und kreuze die richtigen Bilder an.

1a   1b
2a   2b

GESUCHT!
Junger Mann mit Bart.
Ungefähr 24 Jahre alt.
Klein. Dick. Lockige,
blonde Haare. Achtung!
Der Mann ist gefährlich!

Don't worry if you can't understand every word in a text like this. Just concentrate on looking for the key words you need: Here, it's words that describe what somebody looks like.

4 *[F/H]* Dieses Mädchen sucht eine Brieffreundin. Beantworte die Frage auf Englisch.

Name three of the girl's characteristics.
_____
_____
_____

Junge, freundliche Deutsche sucht Brieffreundin!
Bin 14 Jahre alt und will Englisch lernen! Ich bin sehr fleißig und gehe gern zur Schule. Ich bin auch sportlich und gehe gern Schwimmen. Willst du mir schreiben? Ich bin sehr nett und freundlich!

If you are asked to name three items for an answer, just pick the three from the text that you feel most confident about and ignore the others. In this text there are four possible answers. Which three do you feel most confident about?

© Mary Glasgow Publications 1997

Lesen B

DIE FAMILIE

5 *[F/H]* Lies den Text. Sind die Sätze unten richtig (✓) oder falsch (✗)?

Meine beste Freundin

Meine beste Freundin heißt Marion. Sie ist sechzehn Jahre alt. Ich habe sie auf dem Campingplatz im Urlaub kennengelernt. Wir sind oft zusammen mit ihrem Hund, Kaspar, spazierengegangen. Marion war mit ihren Eltern im Urlaub. Sie hat keine Geschwister, und sie war sehr froh, mich kennenzulernen. Marion ist ziemlich groß und sie hat lange blonde Haare. Sie ist sehr hübsch und trägt modische Kleider. Wir haben uns viel unterhalten, und Marion hat mir immer lustige Geschichten erzählt. Leider sehen wir uns jetzt kaum, weil Marion sehr weit weg wohnt. Sie kommt aus Irland, und dort ist sie jetzt mit ihrer Familie.

The true/false statements for a reading text usually come in the same order as the text itself, so follow the text through with the statements.

a) Marion ist 16 Jahre alt. _____   d) Sie ist groß mit blonden Haaren. _____

b) Sie hat keine Haustiere. _____   e) Marion ist sehr lustig. _____

c) Sie ist ein Einzelkind. _____   f) Marion kommt aus Deutschland. _____

6 *[H]* Lies den Text und schreib die richtigen Namen unten auf.

Hallo, ich bin siebzehn Jahre alt und ich wohne bei meiner Mutter in Hannover. Sie ist geschieden, und ich bin ihr einziges Kind. Es gefällt mir sehr gut hier, weil es viel zu tun gibt. Zum Beispiel gehe ich in den Jugendclub, ich besuche meine Freunde, ich gehe ins Eiscafé und ich gehe auch gern ins Kino. Ich finde es hier gut, weil ich sehr gern mit anderen Leuten zusammen bin. Ich habe viele Freunde in der Nähe, und wir treffen uns oft. Meine Freunde sind meistens wie ich: freundlich, fleißig und lustig!
Barbara

Mein Name ist Gregor Teil, und ich komme aus der Schweiz. Zur Zeit wohne ich in Hannover und gehe dort an die Uni. Ich studiere Fremdsprachen. Ich bin neunzehn Jahre alt, und ich wohne bei meiner Tante Rosa (mein Onkel ist vor vier Jahren gestorben). Ich verstehe mich gut mit meiner Tante, aber meine zwei Cousins kann ich nicht ausstehen. Der jüngste, Ralf, ist erst elf Jahre alt – er ist klein und sehr dick, und er sitzt den ganzen Tag vor dem Fernseher. Der älteste, Lars, ist fünfzehn, und sehr schüchtern. An der Uni ist alles super, und es gefällt mir dort sehr gut.
Gregor

Grüßt euch! Ich komme aus einem kleinen Dorf in der Nähe von Stuttgart. Ich habe eine große Familie: drei Schwestern, vier Hunde, zwei Katzen, acht Mäuse und ein Kaninchen! Jeden Tag stehe ich um sechs Uhr auf und gehe joggen. Dann gehe ich in die Schule. Nach der Schule spiele ich Volleyball oder ich gehe Schwimmen. Das finde ich immer super. Ich möchte später Sport unterrichten. Obwohl ich sehr sportlich bin, bin ich auch ziemlich faul in der Schule. Ich lerne nicht gern, und ich bekomme immer schlechte Noten. **Sabine**

Wer ...

a) wohnt bei seiner Tante? _____

b) ist sehr sportlich? _____

c) ist Einzelkind? _____

d) ist schwach in der Schule? _____

e) ist dick und faul? _____

f) hat viele Freunde? _____

g) ist Witwe? _____

h) wohnt auf dem Land? _____

i) ist gesellig? _____

j) ist schüchtern? _____

BARBARA
SABINE
GREGOR
ROSA
RALF
LARS

Have a quick look at the questions before you read a longer passage like this one so you can find out what you are reading for. Then read the text through systematically without jumping about and panicking between the questions and text. Finally, work your way through the questions writing in the correct names.

© Mary Glasgow Publications 1997

DIE FAMILIE

Schreiben

1 *[F]* Wie soll die beste Freundin/der beste Freund sein? Trag noch 5 Wörter in die Liste ein, um sie/ihn zu beschreiben.

1. intelligent
2. lustig
3.
4.
5.
6.
7.

Use the example provided to help you answer the question. Even if you don't understand the rubric, you can see what you need to write. Here, for example, you have got five blank lines to fill and two adjectives describing people are provided. The task is therefore to write five characteristics on the list.

2 *[F]* Ergänze diese Tabelle.

Männer	Frauen
der Junge	das Mädchen
1. der Großvater	
2.	die Mutter
3. der Sohn	
4.	die Tante
5. der Bruder	
6.	die Cousine

If you've got a table to fill in, make sure you write an answer in each gap. Even if you're not 100% sure of the word, write it down rather than leaving a blank. You'll never get a mark for a blank, but your try might just be right.

3 *[F/H]* Wie ist dein idealer Freund/deine ideale Freundin? Beschreib ihn/sie. Schreib nicht mehr als 50 Wörter.

Don't write many more than 50 words if that's what you're asked for, and don't waste time counting the words exactly.

4 *[H]* Entweder Aufgabe A
Du hast einen neuen Brieffreund/eine neue Brieffreundin. Schreib einen Brief und stell dich vor. Schreib 150 Wörter auf Deutsch.

Name
Wohnort
Familie
Charakter
Alter
Geburtstag
Haustiere
Aussehen

If you're given a choice of writing tasks, carefully choose the one you find easier and then stick to it. Don't change your mind half way through writing one task and start the other one as you probably won't have enough time left to finish it.

Oder Aufgabe B
Du hast eine sehr große Familie. Du schreibst einen Artikel über die Familie für die Schülerzeitung. Was ist an deiner Familie interessant? Schreib 150 Wörter auf Deutsch.

Familienmitglieder
Charaktereigenschaften
Aussehen

© Mary Glasgow Publications 1997

Tapescript

DIE FAMILIE

1

1 Also, ich buchstabiere mal die Straße. Sie heißt Peterstraße: P E T E R S T R A scharf S E.
2 Ich wohne in der Salzstraße 34. Das schreibt man S A L Z S T R A scharf S E.
3 Ja, meine Adresse ist Thomasallee 134. Das schreibt man T H O M A S A doppel L doppel E.
4 Soll ich das buchstabieren? Also, die Straße heißt Karldorf: K A R L D O R F.

2

Frau Hallo, wie heißt du?
Thomas Ich heiße Thomas Mohrbach.
Frau Mohrbach? Kannst du das bitte buchstabieren?
Thomas Sicher. M O H R B A C H.
Frau Und wie alt bist du, Thomas?
Thomas Ich bin sechzehn Jahre alt.
Frau Hast du Geschwister?
Thomas Ja, ich habe einen Bruder und zwei Schwestern.
Frau Kannst du dich kurz beschreiben?
Thomas Ja, ich habe kurze, blonde Haare.
Frau Also, kurze, blonde Haare. Und dein Charakter?
Thomas Tja, ich bin sehr sportlich ... und nett bin ich natürlich auch.
Frau Und woher kommst du, Thomas?
Thomas Ich komme aus Mayerhofen, das ist ein kleines Dorf in Österreich.

3

Yildaz Hallo. Mein Name ist Yildaz Scholl. Y I L D A Z S C H O L L. Ich bin am 23. Mai 1983 in Köln geboren. Meine Familie wohnte damals in Köln, aber drei Jahre später sind wir hier nach Düsseldorf gekommen. Jetzt wohne ich in Düsseldorf, und hier gehe ich zur Schule. Meine Familie kommt aber gar nicht aus Deutschland – nein, sie kommt aus der Türkei, und ich bin Türke. Wenn du Kontakt mit mir aufnehmen möchtest, schreib an diese Adresse: Scharnitzerstraße 34, S C H A R N I T Z E R S T R A scharf S E, 81203 Gräfelfing. G R Ä F E L F I N G. Oder ruf mal an. Meine Telefonnummer ist 34 56 12. Tschüss.

4

Mann Heute interviewen wir alleinstehende Mütter – das heißt, Frauen, die ein Kind ohne Hilfe eines Mannes erziehen. Heutzutage ist das gar nicht so selten, und viele Kinder leben ohne Vater. Also, was für Probleme gibt es da? Und was für Vorteile? Michaela, Sie haben eine dreijährige Tochter, nicht wahr?
Michaela Ja, das stimmt. Saskia ist drei.
Mann Und Sie wohnen nicht mit ihrem Vater zusammen?
Michaela Nein. Ihr Vater war mein Freund. Aber dann bin ich schwanger geworden, und er ist sofort abgehauen.
Mann Er wollte also kein Kind?
Michaela Stimmt.
Mann Und wie haben Sie es mit dem Baby geschafft?
Michaela Am Anfang war es sehr schwierig. Ich musste mich rund um die Uhr um Saskia kümmern. Ich habe wenig geschlafen und war dauernd erschöpft.
Mann Hat Ihnen denn niemand geholfen?
Michaela Doch. Ich habe sehr gute Freundinnen. Ab und zu haben sie mir geholfen, aber meistens war ich alleine.
Mann Und Sie hatten genug Geld?
Michaela Tja, Geld war das größte Problem. Natürlich musste ich vor der Geburt meinen Job aufgeben. Ich bekomme nur wenig Geld vom Staat und kann mir selber fast nichts leisten.
Mann Also, wäre es Ihnen lieber, wenn Saskias Vater noch dabei wäre?
Michaela Nein. Absolut nicht. Ich liebe Saskia. Ich kann mich gut um sie kümmern. Sicher gibt es Probleme, aber wir sind glücklich miteinander. Sie hat alles, was sie braucht, und ohne Vater geht es ihr wahrscheinlich sogar besser.

Answers

DIE FAMILIE

HÖREN

1 1 Peterstraße, 2 Salzstraße, 3 Thomasallee, 4 Karldorf

2 1b 2a 3b 4a 5a 6c

SPRECHEN Example answers

1 1 Ich heiße Joachim Schulz.
   2 J O A C H I M S C H U L Z
   3 Ich bin sechzehn Jahre alt.
   4 Ich wohne in Altdorf.
   5 Ja, ich habe einen Hund und eine Katze.
   6 Ja, ich habe einen Bruder.

2 1 Mein Vorname ist Kai.
   2 E B E R H A R D T

LESEN

1 a) 17, b) 3

2 a) DM 124, b) DM 100

3 1a 2b

SCHREIBEN Example answers

1 fleißig, sportlich, nett, freundlich, geduldig

2 1 die Großmutter, 2 der Vater, 3 die Tochter, 4 der Onkel, 5 die Schwester, 6 der Cousin

3 Mein idealer Freund ist fünfzehn Jahre alt. Er ist groß mit blonden Haaren und blauen Augen. Er wohnt in meiner Stadt. Er geht gern ins Kino und spielt gern Hockey. Er hat einen Hund und ein Pferd. Er ist lustig, freundlich und intelligent. Er hat immer Zeit für mich. Ich mag ihn sehr.

3 Familienname: Scholl, Vorname: Yildaz, Geburtsdatum: 23. Mai 1983, Geburtsort: Köln, Wohnort: Düsseldorf, Nationalität: Türke, Adresse: Scharnitzerstraße 34, 81203 Gräfelfing, Telefonnummer: 34 56 12

4 a✓ b✗ c✓ d✗ e✓ f✓ g✗

   3 Ich habe am dreiundzwanzigsten März Geburtstag.
   4 Ich komme aus Deutschland.
   5 Ich bin schlank und ich habe kurze, braune Haare.
   6 Ich bin sportlich und freundlich.

3 Mein Brieffreund heißt Tim Pierce. Er ist achtzehn Jahre alt. Er wohnt in einem Wohnblock in der Stadt. Er hört gern Musik und er liest gern. Er ist sehr sportlich und er spielt Tennis und Fußball. Er hat einen Hund und eine Katze.

4 hard-working, sporty, nice, friendly (any three)

5 a✓ b✗ c✓ d✓ e✓ f✗

6 a) Gregor, b) Sabine, c) Barbara, d) Sabine, e) Ralf, f) Barbara, g) Rosa, h) Sabine, i) Barbara, j) Lars

4A

Liverpool, 13. April
Liebe Katja,
ich bin deine neue Brieffreundin! Mein Name ist Catherine und ich wohne in einem kleinen Haus in Liverpool. Ich bin 16 Jahre alt und ich habe am 4. Mai Geburtstag. Ich bin groß mit schwarzen, lockigen Haaren und manchmal muss ich eine Brille tragen. Ich habe einen jüngeren Bruder, der Thomas heißt, und eine ältere Schwester, die Nina heißt. Wir haben ein Kaninchen und eine Katze. Meine Mutter ist Lehrerin in einem Kindergarten, und mein Vater arbeitet bei einer Bank.
In meiner Freizeit gehe ich gern in die Stadt, wo ich meine Freunde treffe. Wir gehen ins Kino oder essen ein Eis im Eiscafé. Das gefällt mir sehr, weil es Spaß macht.
Ich bin ziemlich fleißig in der Schule, aber leider bin ich gar nicht sportlich – ich hasse die meisten Sportarten! Ich spiele Klavier und einmal in der Woche habe ich Klavierunterricht nach der Schule.
Schreib mir bitte bald!
Viele Grüße ...

© Mary Glasgow Publications 1997

Vokabular

DIE SCHULE

SUBJECTS

Mathe	maths
Naturwissenschaften	science
Physik	physics
Biologie	biology
Chemie	chemistry
Computerlehre/Informatik	computer studies
Technik	technology
Deutsch	German
Englisch	English
Französisch	French
Italienisch	Italian
Spanisch	Spanish
Erdkunde/Geographie	geography
Geschichte	history
Religion	religion
Sozialkunde	social studies
Wirtschaft	economics
Hauswirtschaft	home economics
Kochen	cookery
Kunst	art
Musik	music
Sport	sport
Turnen	gym

TIMETABLE

die Stunde (n)	lesson
die Pause (n)	break
die Mittagspause (n)	lunch break
der Stundenplan (-pläne)	timetable
das Fach ("er)	subject
die Hausaufgaben (pl)	homework
die Uniform (en)	uniform

PEOPLE

der Direktor (-)	headteacher (m)
die Direktorin (nen)	headteacher (f)
die Klasse (n)	class
der Klassensprecher (-)	head of class (m)
die Klassensprecherin (nen)	head of class (f)
der Lehrer (-)	teacher (m)
die Lehrerin (nen)	teacher (f)
der Schüler (-)	pupil (m)
die Schülerin (nen)	pupil (f)

EQUIPMENT

das Etui (s)	pencil case
die Schultasche (n)	school bag
der Bleistift (e)	pencil
der Filzstift (e)	felt tip pen
der Füller (-)	ink pen
der Kugelschreiber (-)	ball point pen
der Kuli (s)	biro
das Heft (e)	exercise book
der Ordner (-)	file
das Papier (-)	paper
das Schulbuch (-bücher)	school book
das Lineal (e)	ruler
der Radiergummi (s)	rubber
der Taschenrechner (-)	calculator
die Diskette (n)	disc

ROOMS

das Klassenzimmer (-)	classroom
die Aula (Aulen)	hall
die Bibliothek (en)	library
die Kantine (n)	canteen
das Labor (e)	laboratory
das Lehrerzimmer (-)	staff room
das Sekretariat (e)	school office
die Sporthalle (n)	sports hall
die Turnhalle (n)	gym
der Schulhof (-höfe)	playground

SCHOOLS

der Kindergarten (¨)	nursery school
die Grundschule (n)	primary school
das Gymnasium (-ien)	grammar school
die Hauptschule (n)	secondary school
die Gesamtschule (n)	comprehensive
das Internat (e)	boarding school

VERBS

besuchen	to go to
lernen	to learn
pauken	to swot
unterrichten	to teach
wiederholen	to revise; to repeat (a year)

© Mary Glasgow Publications 1997

Vokabular

DIE SCHULE

EXTRA

die Nachhilfe	extra tuition
das Abitur	A-level equivalent
die Prüfung (en)	exam
die Note (n)	grade, mark
das Zeugnis (se)	report
das Trimester (-)	term
der Austausch (e)	exchange
die Klassenfahrt (en)	class trip
der Ausflug (-flüge)	outing
die Sommerferien (pl)	summer holidays
die Regeln (pl)	rules

PHRASES

Ich besuche eine Realschule.	I go to a comprehensive school.
Die Schule hat ungefähr tausend Schüler/Schülerinnen.	There are about 1,000 pupils at the school.
Die erste Stunde beginnt um acht Uhr dreißig.	The first lesson starts at half past eight.
Die Schule endet um vier Uhr.	School ends at four o'clock.
Die Mittagspause dauert eine Stunde.	Lunch break is an hour.
Seit drei Jahren lerne ich Deutsch.	I've been learning German for three years.
Mein Lieblingsfach ist Drama.	My favourite subject is drama.
Ich fahre mit dem Bus zur Schule.	I go to school by bus.
Ich bin in der zehnten Klasse.	I'm in Year 10.
Jeden Tag bekomme ich eine Stunde Hausaufgaben auf.	I get one hour of homework every day.
Ich gehe gern in die Schule, weil	I like going to school because
die Stunden interessant sind.	the lessons are interesting.
ich dort viele Freunde habe.	I've got a lot of friends there.
es Spaß macht.	it's fun.
Ich habe das Examen bestanden.	I passed the exam.
Ich bin durchgefallen.	I failed.
Nächstes Jahr gehe ich in die Oberstufe.	I'm going in the sixth form next year.
Manchmal muss man ein Jahr wiederholen.	People sometimes have to repeat a year.

Nenn das Fach.
a Hier rechnet man und lernt Algebra.
b Man kocht.
c Man spielt Tennis, Fußball und Hockey.
d Man spricht wie in Frankreich.
e Man braucht einen Atlas und eine Landkarte.
f Hier lernt man alles über Blumen und den Körper.
g Hier lernt man Grammatik, und man liest Bücher – alles auf Englisch!
h Hier redet man über Juden, Moslems und Christen.
i Hier lernt man die Sprache von Berlin.
j In diesen zwei Fächern geht man ins Labor und macht Experimente.

Wie sagt man das auf Deutsch?
a My favourite subject is Spanish.
b Our uniform is blue and grey.
c School begins at 9.00.
d There are 500 pupils in our school.
e I go to a grammar school.
f I'm in Year 9.
g I've been learning German for four years.

Füll die Lücken aus.
a Man kann Bücher aus der ... leihen.
b Wir essen das Mittagessen in ...
c Wir machen ...
d Am Ende jedes Trimesters kriegen wir ... mit unseren Noten.
e Unsere ... ist blau und schwarz.
f Der/Die Leiter/in einer Schule heißt ...
g In Spanien spricht man ...
h Eine Schule, wo man übernachtet, heißt ...

Vervollständige diese Sätze.
a Ich finde die Schule ...
b Meine Lieblingsfächer sind ...
c Die Schule beginnt um ...
d Unsere Uniform ist ...
e Unsere Lehrer(innen) sind ...

Die Antworten findest du in der Vokabelliste, oder frag deinen Lehrer/deine Lehrerin.

Hören

DIE SCHULE

1 *[F]* Du bist im Fundbüro. Welche Schultasche beschreibt man?

a _____   b _____   c _____   d _____

When you are matching pictures to a tape description, make notes as you listen rather than choose the picture straight away. You might understand the words, but not have time to find the picture, so just note the items mentioned and then choose the picture after the tape has finished. Check your answer on the second listening.

2 *[F]* Der Lehrer beschreibt einen Ausflug. Trag die Einzelheiten ein.

KLASSENAUSFLUG

Datum: _____

Fach: _____

Wohin?: _____

Zeit: _____

Treffpunkt (Ort): _____

Mitbringen: _____

If you have a form to fill in with German headings, then write your answers in German, not English.

3 *[F/H]* Zwei Schüler sprechen über die Schule. Sind diese Sätze richtig (✓) oder falsch (✗)?

a) Die erste Stunde ist Sport. _____

b) Heute ist Mittwoch. _____

c) Jan bekommt immer gute Noten in Kunst. _____

d) Nina mag die Kunstlehrerin sehr. _____

e) Jan zeichnet gern. _____

Don't jump to conclusions when doing a listening activity. Just because you hear the word *Sport* on the tape, it doesn't mean that statement a) is correct. You need to listen out for what the speakers are saying about sport, and when they mention something about the first lesson.

4 *[H]* Lies die Fragen. Hör zu und beantworte die Fragen.

a) Wie war Fabians erster Schultag? _____

b) Wie viele Schüler gibt es in der Schule? _____

c) Wie sind die Lehrer? _____

d) Wieviel Hausaufgaben bekommt er jeden Tag auf? _____

e) Wie hat Fabian Mathe gefunden? _____

f) Was muss Fabian nächste Woche machen? _____

g) Was hofft Fabian am Ende? _____

Give short answers in German for a listening activity. Don't worry about writing complete sentences, but just make sure you have provided the answer. For example, for question b) just write the number you hear.

© Mary Glasgow Publications 1997

DIE SCHULE — Sprechen

1 *[F]* Dein Brieffreund ist zu Besuch und will einiges über deine Schule herausfinden.

| 1 | 08:30 | 4 | 850 |

2 🏃🏠   5 🏊📺

3 🚗

1. Wann beginnt die erste Stunde?
2. Welche Fächer haben wir heute vormittag?
3. Wie kommen wir zur Schule?
4. Wie viele Schüler gibt es in der Schule?
5. Was machen wir nach der Schule?

Look at the cues you are given and try to work out what you'll be asked. For example, the time 08:30 will probably relate to a question like *Wann beginnt die Schule/Stunde?* If you've anticipated the question, you'll find it easier to give the correct reply.

2 *[F/H]* Dein Brieffreund ist zu Besuch und will einiges über deine Schule herausfinden.

1 Sag, dass sie Frau Braun heißt.
2 Du lernst seit vier Jahren Deutsch.
3 Sag, dass du 40 Min. pro Tag bekommst.
4 Sag, dass die Schule dir gut gefällt.
5 Sprich über deine Pläne.

1. Wie heißt deine Deutschlehrerin?
2. Seit wann lernst du Deutsch?
3. Wieviel Hausaufgaben bekommst du auf?
4. Wie gefällt dir die Schule? Warum?
5. Was möchtest du nach der Schule machen?

3 *[H]* Letztes Trimester hast du eine Woche bei deiner Austausch-Klasse in Hamburg verbracht. Beschreib die Schule und einen typischen Tag dort. Diese Einzelheiten helfen dir dabei.

AUSTAUSCH-HAMBURG: ST. PETER-REALSCHULE

Frühstück:	Wann? Essen? Trinken?
zur Schule:	Wie? Mit wem? Wie lange? Wetter?
Schule:	Wie viele Schüler? Klassenzimmer?
Uniform:	Kleider?
7 Stunden:	Was? Wie? Lehrer(innen)?
08.15–13.00:	Und nach der Schule?
	MEINUNG?

If you've got a task like this one which is in the past tense, go over some of the constructions you will need for it first:
Ich habe ... gegessen.
Ich bin mit ... gefahren.
Ich habe ... getragen.
Ich habe es ... gefunden.

■ **Beantworte diese Fragen.**

Was für eine Schule besuchst du?

In welcher Klasse bist du?

Was sind deine Lieblingsfächer?

Wie groß ist deine Schule?

Wie kommst du zur Schule?

Wann beginnt/endet die Schule?

Wie ist deine Uniform?

Seit wann lernst du Deutsch?

Wie findest du die Schule?

Was sind deine Pläne für nächstes Trimester?

■ **Mach eine Kassettenaufnahme über deine Schule für eine Partnerschule.**

Meine Schule heißt ...

Es gibt ungefähr ... Schüler.

Unsere Uniform ist ...

Die Schule beginnt um ... und endet um ...

Wir haben ... Stunden pro Tag.

Am Samstag ...

Wir lernen ...

Die Lehrer(innen) sind ...

Nach der Schule ...

© Mary Glasgow Publications 1997

Lesen A

DIE SCHULE

1 *[F]* Wähl die richtige Antwort aus.

1. You need the staffroom. Which one is it?
   a) Aula
   b) Lehrerzimmer
   c) Klassenzimmer
   d) Versammlung

2. You need a calculator. Which one is it?
   a) Heft
   b) Kugelschreiber
   c) Lineal
   d) Taschenrechner

3. You need a history book. Which one is it?
   a) Erdkunde
   b) Turnen
   c) Geschichte
   d) Kunst

4. You like maths. What do you say?
   a) Mathe ist langweilig.
   b) Mathe gefällt mir gar nicht.
   c) Mathe ist toll.
   d) Mathe ist dumm.

5. You see this advert. What school is it advertising?
   a) boarding school
   b) grammar school
   c) nursery school
   d) secondary school

   > Elternabend an der Rufus Realschule

6. You see this notice. What is being offered?
   a) homework
   b) German books
   c) extra tuition
   d) student loans

   > Student gibt Deutsch-Nachhilfe Tel. 0711 34 56

7. You see this sign. What can't you do?
   a) smoke
   b) run
   c) eat
   d) chew

   > RAUCHEN VERBOTEN

You won't get many questions given to you in English, but don't think the task is any easier just because you can understand the questions. Be just as careful when answering these sorts of questions and try to double-check your answers if you've got enough time.

2 *[F/H]* Sieh dir den Stundenplan an. Beantworte die Fragen auf Deutsch.

STUNDENPLAN DER KLASSE 8B

	M	D	M	D	F	S
08.15	Biologie	Kunst	Sport	Religion	Mathe	Biologie
09.15	Informatik	Drama	Deutsch	Englisch	Sport	Geschichte
10.10	P	A	U	S	E	–
10.30	Chemie	Chemie	Englisch	Deutsch	Musik	Informatik
11.25	Mathe	Informatik	Mathe	Erdkunde	Geschichte	
12.30	Deutsch	Erdkunde	–	Mathe	Mathe	

a) Wann beginnt die erste Stunde am Dienstag? _____
b) Welches Fach kommt nach Deutsch am Donnerstag? _____
c) Was ist die zweite Stunde am Freitag? _____
d) An welchem Tag sind nur drei Stunden? _____
e) Wie viele Stunden sind am Dienstag? _____
f) Wann endet die Schule am Mittwoch? _____
g) Was ist die erste Stunde am Dienstag? _____
h) Wie oft ist Informatik in der Woche? _____

Don't write numbers, dates and times out in full, but just write the figure. For example if the answer is four, just write 4 and not vier and if the answer is twice just write 2, not zweimal.

© Mary Glasgow Publications 1997   23

Lesen B

DIE SCHULE

3 [H] Lies den Brief und beantworte die Fragen auf Deutsch.

WILHELMI-GYMNASIUM POSTWEG 54–57 HAMBURG 9878

13. September

Lieber Schüler/Liebe Schülerin,

möchtest du ein Trimester lang in Großbritannien studieren? Nächstes Jahr (vom Februar bis April) organisieren wir einen Austausch mit einer britischen Schule, und du hast die Gelegenheit, dabei zu sein.

Die Schule ist eine gemischte Realschule in einem Vorort von Newcastle. Es gibt 800 Schüler(innen) zwischen 11 und 16 Jahren. Die Schule beginnt um neun Uhr und endet um Viertel vor vier. Samstags gibt es keine Schule! Auf dem Stundenplan stehen sieben Stunden pro Tag, zwei kleine Pausen und eine lange Mittagspause. Du kannst das Mittagessen in der Kantine essen, oder Butterbrote mitbringen.

Nach der Schule gibt es viele Clubs (z.B. Drama, Sport, Keramik und Video). Die Uniform ist blau und grau. Die Schule ist sehr freundlich, und die Lehrer(innen) sind meistens hilfsbereit. Du würdest natürlich einen/eine Austauschpartner/in an der Schule haben, und du würdest bei ihm/ihr wohnen.

Natürlich gibt es einige Regeln an der Schule, zum Beispiel: man darf überhaupt nicht rauchen oder Drogen nehmen; man darf keine Messer in die Schule mitnehmen; man muss immer eine Uniform tragen; man darf keine Trainingsschuhe tragen; man muss höflich sein, usw.

Wenn du Interesse an diesem Austausch hast, füll bitte das anliegende Formular aus (mit Unterschrift der Eltern) und gib es bis Ende des Monats deinem Klassenlehrer/deiner Klassenlehrerin.

Wir freuen uns auf deine Teilnahme!

Name: .... aus der Klasse: .... interessiert sich für den Austausch mit Großbritannien. Bitte senden Sie uns weitere Informationen darüber.

Unterschrift der Eltern (bzw. Vormund): ....

---

a) Wann ist der Austausch?

b) Wie viele Schüler gibt es in der Realschule?

c) Wie viele Stunden sind pro Tag?

d) Was macht man in der Mittagspause?

e) Was kann man nach der Schule machen?

f) Welche Farbe hat die Uniform?

g) Wie sind die Lehrer(innen)?

h) Nenn zwei Regeln an der Schule.

i) Wem muss man das Formular geben?

j) Wer muss das Formular unterschreiben?

Don't get stuck on one question if you can't find the answer. Go on to the next questions and answer them, then come back to fill any gaps at the end.

© Mary Glasgow Publications 1997

Schreiben

DIE SCHULE

1 *[F]* Auf dem Weg zur Schule verlierst du deine Schulmappe. Was war in der Schulmappe? Mach eine Liste mit 8 Gegenständen.

1. Bleistift
2.
3.
4.
5.
6.
7.
8.
9.

Use your imagination when answering writing tasks that require a list. For example, you could have an apple, trainers or walkman in your school bag. But don't put silly things like a dog or television though!

2 *[F]* Wähl 6 Fächer aus. Wie findest du diese Fächer? Mach Notizen.

1. Mathe – gut
2.
3.
4.
5.
6.
7.

Stick to vocabulary items you know and don't try to be over-ambitious on writing tasks like this. For example, it's safer to write *nicht gut* correctly as your answer rather than trying to spell *langweilig* and getting it quite wrong.

3 *[F/H]* Du besuchst eine neue Schule. Schreib einen kurzen Brief an deine alte Schule. Beschreib die neue Schule. Schreib nicht mehr als 50 Wörter.

Was für eine Schule?
Lehrer(innen)
Schüler(innen)
Uniform
Stundenplan

Use any headings you are given in the question to help you structure your written answer. Here you have got five headings, so you could write about ten words for each and that would be your letter.

4 *[H]* Entweder Aufgabe A
Nächsten Monat verbringt dein(e) Austauschpartner(in) eine Woche bei dir an der Schule. Schreib ihm/ihr einen Brief, und erklär ein bisschen über die Schule und deine tägliche Routine.
Schreib 150 Wörter auf Deutsch.

Was für eine Schule?
Beginnt/Endet
Wie kommt man dahin?
Uniform   Regeln
Hausaufgaben

Don't spend ages looking up the German for words in your dictionary as time is limited. Try to stick to words and phrases you know when writing a longer text, and only look up a word if it is absolutely vital.

Oder Aufgabe B
Es ist der erste Tag an einer neuen Schule. Es ist halb sieben in der Früh. Die Schule beginnt um Viertel nach acht. Wie fühlst du dich? Was machst du? Beschreib die nächsten paar Stunden.
Schreib 150 Wörter auf Deutsch.

DIE SCHULE — Tapescript

1

Mädchen: Was ist alles in der Schultasche?
Junge: Da ist ein Lineal, und was noch … ach ja, ein Radiergummi … und dann noch, tja, ein Heft.

2

Mann: OK, hört bitte alle zu! Morgen, also Montag den 14. Juli, machen wir in der Geschichtstunde einen Ausflug. Ihr fahrt alle in die Stadt und geht ins Stadtmuseum. Also, wir treffen uns um neun Uhr im Klassenzimmer, und dann gehen wir alle zur Bushaltestelle. Bringt bitte einen Kuli und ein Heft mit. Ihr sollt auch ein bisschen Geld mitbringen. Vielleicht findet ihr 'was im Museumladen.

3

Nina: Also, Jan was haben wir heute in der ersten Stunde?
Jan: Weißt du das immer noch nicht, Nina? Kunst natürlich. Mittwochs haben wir immer Kunst.
Nina: Stimmt. Aber Kunst gefällt mir nicht sehr gut. Schade, dass wir nicht Sport haben. Sport ist immer gut.
Jan: Nein! Kunst ist mein Lieblingsfach. Ich bekomme immer eine Eins oder eine Zwei.
Nina: Ja, aber die Lehrerin ist so streng. Die mag ich gar nicht. Und außerdem bekommen wir immer zuviel Hausaufgaben auf.
Jan: Ja, aber Zeichnen macht Spaß.
Nina: Mir nicht.

4

Carola: Hallo, Fabian. Wie geht's?
Fabian: Ach, nicht so gut. Heute war mein erster Tag an der neuen Schule, und es war ein echter Schock.
Carola: Wieso denn das?
Fabian: Naja. Die Schule ist irrsinnig groß – 1 500 Schüler, und es gibt so viele Klassenzimmer und Leute überall. Ich habe mich dauernd verirrt.
Carola: Und wie sind die Lehrer?
Fabian: Ah, sie sind meistens sehr nett und hilfsbereit. Aber sie geben uns sehr viel Hausaufgaben auf. Mindestens drei Stunden pro Tag.
Carola: Mensch, das ist ja furchtbar!
Fabian: Ja, und der Stoff ist viel schwieriger als in der alten Schule. Mathe war heute eine Katastrophe – ich konnte fast nichts. Und nächste Woche müssen wir schon eine Mathearbeit schreiben. Ich bekomme sicher eine schlechte Note.
Carola: Tja, vielleicht wird es bald besser. Der erste Tag ist oft der schlimmste.
Fabian: Ja, hoffentlich hast du recht!

Answers

DIE SCHULE

HÖREN

1 Schultasche C

2 Datum: Montag den 14. Juli; Fach: Geschichte; Wohin: Stadtmuseum; Zeit: neun Uhr; Ort: im Klassenzimmer; Mitbringen: Kuli, Heft, ein bisschen Geld

SPRECHEN Example answers

1 1 Die erste Stunde beginnt um acht Uhr dreißig/halb neun.
   2 Wir haben Musik und Sport.
   3 Wir fahren mit dem Auto/Wagen.
   4 Es gibt achthundertfünfzig Schüler.
   5 Wir gehen schwimmen und dann sehen wir fern.

2 1 Sie heißt Frau Braun.
   2 Ich lerne seit vier Jahren Deutsch.
   3 Ich bekomme vierzig Minuten pro Tag auf.
   4 Die Schule gefällt mir sehr gut. Es ist sehr nett, und die Lehrer sind sehr freundlich.
   5 Ich hoffe weiterstudieren zu können/einen Job zu finden.

3 Letztes Trimester war ich an der St. Peter-Realschule in Hamburg. Ich bin jeden Tag um halb sieben aufgestanden. Ich habe Cornflakes und Toast zum Frühstück gegessen und ich habe eine Tasse Tee getrunken. Danach bin ich mit meinem Brieffreund in die Schule gegangen. Die Schule war nur zehn Minuten von der Wohnung entfernt. Glücklicherweise war das Wetter immer warm und sonnig. Die Schule ist eine große gemischte Schule mit ungefähr tausend Schülern. Es gibt keine Uniform und man kann tragen, was man will. Ich habe immer eine Jeans getragen. Wir hatten sieben Stunden pro Tag – die Fächer waren wie zu Hause: Mathe, Deutsch, Englisch, Erdkunde und so weiter. Die Lehrer waren ein bisschen streng, aber sehr freundlich. Die Schule war am Mittag zu Ende, also bin ich nachmittags in die Stadt gefahren, oder ich habe Fußball gespielt. Das Trimester dort hat mir sehr gut gefallen, und ich habe viele Leute kennengelernt.

3 a ✗ b ✓ c ✓ d ✗ e ✓

4 a) nicht so gut, b) 1 500, c) meistens sehr nett und hilfsbereit, d) mindestens 3 Stunden pro Tag, e) sehr schwierig/er konnte fast nichts, f) eine Mathearbeit schreiben, g) vielleicht wird es bald besser

LESEN

1 1B 2D 3C 4C 5D 6C 7A

2 a) 8.15, b) Erdkunde, c) Sport, d) Samstag, e) 5, f) 12.30, g) Kunst, h) 3

3 a) nächstes Jahr, von Februar bis April, b) 800, c) 7, d) in der Kantine essen, oder Butterbrote essen, e) es gibt viele Clubs, f) blau und grau, g) meistens hilfsbereit, h) man darf überhaupt nicht rauchen oder Drogen nehmen; man darf keine Messer in die Schule mitnehmen; man muss immer eine Uniform tragen; man darf keine Trainingsschuhe tragen; man muss höflich sein, (any two) i) dem Klassenlehrer/der Klassenlehrerin, j) Eltern/Vormund

SCHREIBEN Example answers

1 Kuli, Lineal, Taschenrechner, Heft, Buch, Etui, Filzstift, Radiergummi

2 Deutsch – interessant, Englisch – schwierig, Kunst – einfach, Geschichte – toll, Erdkunde – doof, Französisch – super

3 Hallo Freunde!
Ich besuche jetzt eine gemischte Realschule. Es gibt 900 Schüler an der Schule und ungefähr 20 Lehrer. Die Uniform ist rot und grau mit einer blauen Jacke – sehr lustig. Wir haben sechs Stunden pro Tag. Die Schule beginnt um neun Uhr und ist um halb vier aus.
Viele Grüße, …

4A

Manchester, den 5. März

Lieber Dirk,
es freut mich, dass du mich nächsten Monat besuchst. Hoffentlich wird es dir Spaß machen. Ich erkläre dir jetzt meine Schule: Es ist eine gemischte Schule mit ungefähr 800 Schülern. Die erste Stunde beginnt um neun Uhr, und die Schule ist um halb vier aus. Wir haben eine lange Mittagspause und eine kurze Pause am Vormittag. Ich fahre um Viertel nach acht mit dem Bus zur Schule. Die Fahrt dauert nur zwanzig Minuten. Unsere Uniform ist schwarz und grau, aber du kannst wahrscheinlich deine eigenen Kleider tragen. Du hast Glück! Jeden Tag kriegen wir ungefähr eine Stunde Hausaufgaben auf – das mache ich abends nach dem Abendessen und es ist immer stinklangweilig. Unsere Lehrer sind aber ziemlich streng, und wenn man die Hausaufgaben nicht macht, bekommt man eine Strafe. Aber meistens ist es eine nette Schule und hoffentlich wird es dir gefallen. Bis bald! …

© Mary Glasgow Publications 1997

Vokabular

DIE FREIZEIT

SPORTS

der Sport	sport
Sport treiben	to do sport
Fußball	football
Badminton/Federball	badminton
Basketball	basketball
Volleyball/Faustball	volleyball
Handball	handball
Netzball	netball
Hockey	hockey
Kricket	cricket
Rugby	rugby
Rollschuhlaufen	roller-skating
Schlittschuhlaufen	ice-skating
Squash	squash
Tennis	tennis
Tischtennis	table tennis
trainieren	to train
schwimmen	to swim
angeln	to fish
joggen	to jog
Rad fahren	to cycle
reiten	to ride
rudern	to row
segeln	to sail
Ski fahren	to ski
tauchen	to dive
turnen	to do gymnastics
klettern	to climb
wandern	to hike
windsurfen	to windsurf

HOBBIES

das Hobby (s)	hobby
aus/gehen	to go out
die Party (s)	party
die Disco (s)	disco
das Kino (s)	cinema
das Theater (-)	theatre
das Konzert (e)	concert
das Museum (Museen)	museum
das Fußballspiel (e)	football match
das Jugendzentrum (-zentren)	youth centre
das Schwimmbad (¨er)	swimming pool
das Sportzentrum (-zentren)	sports centre
das Stadion (Stadien)	stadium
Karten spielen	to play cards
Schach	chess
Computerspiele spielen	to play computer games
einkaufen gehen	to go shopping
faulenzen	to laze around
fern/sehen	to watch TV
fotografieren	to take photos
Freunde/Freundinnen treffen	to meet friends
kochen	to cook
lesen	to read
malen	to paint
Musik hören	to listen to music
etwas sammeln	to collect something
schreiben	to write
singen	to sing
spazierengehen	to go for a walk
stricken	to knit
tanzen	to dance

INSTRUMENTS

das Instrument (e)	instrument
das Orchester (-)	orchestra
das Klavier (e)	piano
die Blockflöte (n)	recorder
die Gitarre (n)	guitar
das Cello (s)	cello
die Geige (n)	violin
das Schlagzeug (e)	drum
das Keyboard (-)	keyboards
die Querflöte (n)	flute
die Klarinette (n)	clarinet
die Oboe (n)	oboe
die Trompete (n)	trumpet

TIMES

Montag	Monday
Dienstag	Tuesday
Mittwoch	Wednesday
Donnerstag	Thursday
Freitag	Friday
Samstag/Sonnabend	Saturday
Sonntag	Sunday
am Montagabend	on Monday evening
montags	on Mondays

MATCH

das Endspiel (e)	final
der Fan (s)	fan
die Mannschaft (en)	team

© Mary Glasgow Publications 1997

Vokabular

DIE FREIZEIT

der Spieler (-)	player (m)	der Schläger (-)	racket
die Spielerin (nen)	player (f)	die Weltmeisterschaft (en)	world championship
der Sieger (-)	winner (m)	verlieren	to lose
die Siegerin (nen)	winner (f)	gewinnen	to win
der Verlierer (-)	loser (m)		
die Verliererin (nen)	loser (f)	**EXTRA**	
der Zuschauer (-)	spectator	die Freizeit	free time
der Verein (e)	club, organisation	die Freizeitbeschäftigung (en)	hobby
das Mitglied (er)	member	der Ausflug (-flüge)	outing
der Teilnehmer (-)	participant	das Freibad (¨er)	outdoor pool
der Pokal (e)	cup	das Hallenbad (-bäder)	indoor pool
das Netz (e)	net	der Wassersport	water sport
der Platz (¨e)	position, pitch	eine Verabredung treffen	to make a date
der Schiedsrichter (-)	referee	einladen	to invite

PHRASES

Ich spiele gern Fußball	I like playing football.
Mein Lieblingshobby ist Schach.	Chess is my favourite hobby.
Ich gehe gern ins Theater.	I like going to the theatre.
Einmal in der Woche spiele ich Tennis.	I play tennis once a week.
Das Schwimmbad ist von sieben Uhr morgens bis acht Uhr abends geöffnet.	The swimming pool is open from seven o'clock in the morning till eight o'clock in the evening.
Ich bin Mitglied eines Hockeyclubs.	I'm a member of a hockey club.
Ich bin Kapitän der Rugbymannschaft.	I'm captain of the rugby team.
In den Ferien bin ich oft reiten gegangen.	I went riding a lot in the holidays.
Sport interessiert mich gar nicht.	Sport doesn't interest me at all.
Hast du am Freitagabend Zeit?	Are you free on Friday evening?
Hast du Lust, ins Kino zu gehen?	Do you want to go to the cinema?
Möchtest du in die Stadt fahren?	Would you like to go into town?
Ich würde lieber ins Museum gehen.	I'd prefer to go to the museum.
Ich habe nichts vor.	I haven't got anything planned.
Das macht Spaß.	That's fun.
Gute Idee!	Good idea!
Wann treffen wir uns?	When shall we meet?
Wo treffen wir uns?	Where shall we meet?
Was soll ich mitbringen?	What shall I bring with me?

Wie sagt man das auf Deutsch?
a I like going to the cinema.
b Do you want to play football?
c On Saturdays I go shopping.
d I play keyboards.
e I go cycling once a week.
f The football match begins at 3 pm.
g I'm a member of a tennis club.
h Television doesn't interest me at all.
i The youth centre is open from 6 pm to 9 pm.
j In the holidays I went swimming every day.

Vervollständige die Sätze.
a Einmal pro Woche spiele ich ...
b Jeden Freitagabend gehe ich ...
c Hast du Lust, ...?
d Mein Lieblingshobby ist ...
e Das Spiel beginnt um ...
f Ich spiele zwei Instrumente – Klavier und ...
g In den Ferien bin ich oft ...

Die Antworten findest du in der Vokabelliste, oder frag deinen Lehrer/deine Lehrerin.

© Mary Glasgow Publications 1997

DIE FREIZEIT — Hören

1 [F] Tanja, Maria, Sven und Johann spielen in einem Orchester. Was spielen sie? Schreib die Namen neben die Bilder.

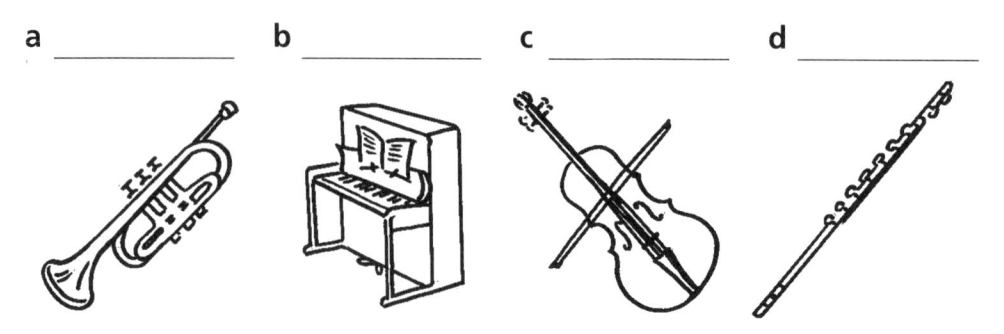

a _____ b _____ c _____ d _____

Think ahead! While you are waiting to hear the tape, try and remember the German for the four instruments in the pictures.

2 [F] Was machen Karin und Udo gern (✓)? Was machen sie nicht gern (✗)?

	〜	⛸	🎣	📺
Karin				
Udo				

Make sure that you have understood the instructions before you listen to the tape. Be clear with your ticks and crosses.

3 [F/H] Was machen Annette, Claudia und Eike am Wochenende? Füll die Tabelle aus.

	Samstag	Sonntag
Annette	Fußballspiel	
Claudia		
Eike		

Don't panic if you can't understand every word on the tape. For this task, concentrate on listening out for the key words (Fußballspiel) and ignore the additional details (gegen Bayern München, spannend).

4 [H] Rainer spricht mit seiner Oma. Hör zu und beantworte die Fragen.

a) Was kritisiert die Oma an Popmusik? _____ [2]

b) Warum mag Rainer Popmusik? _____ [2]

c) Was hat die Oma in ihrer Jugend gemacht? _____ [2]

d) Was kritisiert die Oma an der Jugend? _____ [1]

e) Was kritisiert Rainer an alten Leuten? _____ [1]

The marks for each question are given on the exam paper, so take notice of them. If two marks are available [2], two pieces of information will be needed to get full marks.

© Mary Glasgow Publications 1997

Sprechen

DIE FREIZEIT

1 *[F]* Du bist auf Urlaub. Was machst du diese Woche?

Mo.	〰️	Do.	🚶🚶
Di.	⚽	Fr.	🎁🎂
Mi.	🎳		

– Was machst du am Montag?
– Am Montag gehe ich ...

Use any example you are given to help you with the answer. Here you can follow the pattern:
Am + day + verb + ich ...

2 *[F]* Hier sind Informationen über dein Lieblingshobby. Beantworte die Fragen.

1	⚽	4	SPORTCLUB INTER
2	🏟️	5	DM 3,- p.W.
3	Sa. 10–13 Uhr		

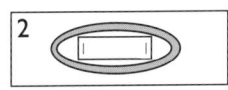

1. Was ist dein Lieblingshobby?
2. Wo machst du das?
3. Wann machst du das?
4. Mit wem machst du das?
5. Was kostet es?

There often isn't really a 'right' or 'wrong' answer to the speaking tasks. Here, for example, your answer could be *Ich spiele gern Fußball* or *Ich gehe gern zu einem Fußballspiel*.

3 *[H]* Du magst abends ausgehen. Triff eine Verabredung mit deinem Partner/deiner Partnerin.

Aktivität?
Wann? (Tag/Uhr)
Treffpunkt?

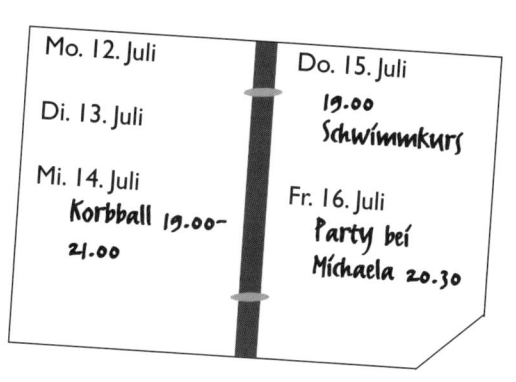

Mo. 12. Juli
Di. 13. Juli
Mi. 14. Juli
  Korbball 19.00–21.00
Do. 15. Juli
  19.00 Schwimmkurs
Fr. 16. Juli
  Party bei Michaela 20.30

Think ahead to help you avoid possible problems. This type of role play will not be a straightforward question/answer conversation. You must be prepared to respond to unpredictable elements.

■ **Beantworte diese Fragen.**

Was machst du gern in deiner Freizeit?

Was machst du gern am Wochenende?

Treibst du viel Sport?

Was ist dein Lieblingshobby? Warum?

Gehst du oft ins Kino?

Welchen Film/Welches Konzert hast du zuletzt gesehen? Wie war er/es?

Was hast du letztes Wochenende gemacht?

Wo kann man hier in der Nähe gut einkaufen?

Gibt es gute Unterhaltungsmöglichkeiten für junge Leute in deiner Stadt?

■ **Bereite einen kleinen Vortrag über dein Lieblingshobby vor.**

Mein Lieblingshobby ist ...

Das mache ich ...
  wie oft?
  wo?
  mit wem?

Für ... brauche ich ...

Es kostet ungefähr ...

Das Hobby gefällt mir sehr, weil ...

Der Nachteil davon ist ...

© Mary Glasgow Publications 1997

DIE FREIZEIT — Lesen A

1 *[F]* Was passt zusammen?

1 Mein Lieblingshobby ist Schlittschuhlaufen. _____
2 Jedes Wochenende mache ich einen Tenniskurs. _____
3 Ich verbringe viel Zeit vor dem Fernseher. _____
4 Ich spiele Klavier. _____
5 Ich sammle Briefmarken aus aller Welt. _____

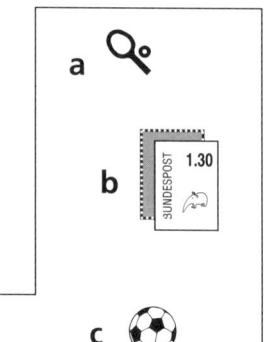

a — (tennis racket)
b — (stamp)
c — (football)
d — (television)
e — (piano)
f — (saucepan)
g — (ice skate)

There are only five sentences in this activity, so only use five of the pictures in your matching up.

2 *[F/H]* Wohin gehen diese jungen Leute? Trag A, B, C oder D ein.

1 Eleni möchte einen Film sehen. _____
2 Fred will mit seiner Freundin Kaffee trinken. _____
3 Carola hat Lust, etwas Sportliches zu machen. _____
4 Anneli möchte ein neues Theaterstück sehen. _____

FREIZEIT-TIPS!

A Theater der Altstadt
Charlottenplatz U, (24 43 43)
Vorverkauf an der Theaterkasse täglich ab 16 Uhr. Ermäßigte Karten nur an der Abendkasse. *WOYZECK* Premiere Di. 05.10. 20.15 Uhr (80 Min.)

B Badeparadies
Freibad, Hallenbad, Sauna, Jacuzzi mit Restaurant und Spielhalle. Disco jeden Samstag 19.30 Uhr ab 16 J. Erwachsene DM 8,-/ Kinder bis 16 J DM 4,-

C Windmühle
Eine intime Café-Bar mit täglicher Live-Music. Öffnungszeiten: 10.00-24.00 Uhr außer Sonntag

D KINO-KINO
Eintritt DM 5,50
Kinder bis 14 Jahre DM 2,-
Fr. 1. Die Ehe der Maria Braun F.W. Fassbinder 20.15 Uhr
Sa. 2. Kinderkino: Goldrausch 14.30 Uhr
So. 3. Keine Veranstaltung

FREIZEIT-TIPS • FREIZEIT-TIPS • FREIZEIT-TIPS

Don't be put off by the amount of text for this activity. Just pick out key words from the questions (Film) and then look for the corresponding key word in the text (Kino).

3 *[F/H]* Lies die Texte und füll die Lücken aus.

Hallo Anja!
Wollen wir ins _____ gehen?
Treffpunkt: Sonntag um 18.30 _____
am _____

Lieber Klaus!
Ich möchte eine _____ machen. Kommst du mit?
Wir treffen uns an der Brücke.
Wann? _____ um 10.00 Uhr.
_____ nicht vergessen!

Radtour
Bahnhof
Picknick
Kino
Uhr
Samstag

When you have used a word from the box, cross it out. Then you'll see clearly which words you still have free to use.

32 © Mary Glasgow Publications 1997

Lesen B

DIE FREIZEIT

4 [F/H] Welche Sportarten treibt Georg? Kreuze die 4 richtigen Bilder an.

Liebe Micki!
Grüße aus Zell am See, eine fabelhafte Gegend für gute Unterhaltung! Ich verbringe drei Wochen hier und werde bestimmt fit zurück nach Hause kommen. Ich wollte mich für einen Tenniskurs anmelden, aber leider waren alle Kurse schon voll. Glücklicherweise waren noch einige Plätze für den Segelkurs frei und ich habe viel Spaß auf dem See gehabt! In der Jugendherberge gibt's auch Sportmöglichkeiten ... letzten Freitag habe ich sogar den Pokal im Tischtennisturnier gewonnen! Man kann auch Fahrräder leihen, aber die Leihgebühr ist zu teuer für mich. Ich bin oft in die Bergen joggen gegangen. Die Landschaft ist wunderschön, besonders wenn die Sonne scheint. Meine Freunde sind fast jeden Abend ins Hallenbad gegangen, aber ich hatte vergessen, meine Badehose einzupacken! Jetzt habe ich eine Neue gekauft und ich freue mich schon auf heute Abend!
Bis bald!   Dein Georg

a
b
c
d
e
f
g

As you read through the letter, underline any sports mentioned. Then check which sports Georg says he doesn't do. This will help you to identify the correct answer more easily.

5 [H] Lies den Artikel und beantworte die Fragen.

In ganz Deutschland macht sich ein neues Hobby breit und zwar »Inline-Skating«. Unsere Reporterin, Maia Thiedemann, berichtet.

Zwei Drittel aller Einwohner in Hamburg meinen, dass die Innenstadt kein Spielplatz sein sollte und wollen ein Verbot für öffentliches Skaten. Besonders Frauen in meiner Umfrage hassen die schnelle Sportausrüstung, vielleicht weil sie oft auf Kinder aufpassen und viele Einkaufstaschen tragen.

Die Innenstadt ist kein Spielplatz!

Nur die 18–29jährigen sind tolerant. Oft probieren sie auch selbst dieses neue Hobby aus!

Warum üben die jungen Leute in der Innenstadt? Ich habe mit Nadja und Stefan auf dem Hamburger Jungfernstieg gesprochen.

Skating macht mir Spaß!

»Der Jungfernstieg und der Rathausplatz sind ideal fürs Rollschuhlaufen. Ich übe gern meine Kunststücke und Tricks hier«, sagt Nadja. »Die breiten Fußgängerzonen und Plätze in der Innenstadt sind fürs Skaten besonders gut geeignet, weil es Treppen und andere Hindernisse gibt. Dort kann man Sprünge und Slaloms üben«, erklärt Stefan. ■

Even with a harder text, use the words that look like English to help you understand it. For example, Reporterin, Inline-Skating, Skaten, tolerant.

a) Wer hat die Umfrage über Inline-Skating gemacht? _____
b) Warum mögen zwei Drittel der Einwohner das Hobby nicht? _____
c) Was ist »die schnelle Sportausrüstung«? _____
d) Warum mögen die 18–29jährigen den Sport? _____
e) Warum hat Maia mit Nadja und Stefan gesprochen? _____
f) Was braucht man, um die verschiedenen Tricks auszuprobieren? _____

© Mary Glasgow Publications 1997   33

DIE FREIZEIT

Schreiben

1 *[F]* Welchen Sport kann man in deiner Gegend treiben? Schreib eine Liste (5 Wörter).

1. Fußball
2.
3.
4.
5.
6.

Lots of hobbies, especially sports, are similar to English words. Don't forget that all nouns begin with a capital letter when you write them in German.

2 *[F]* Schreib diese Einladung fertig.

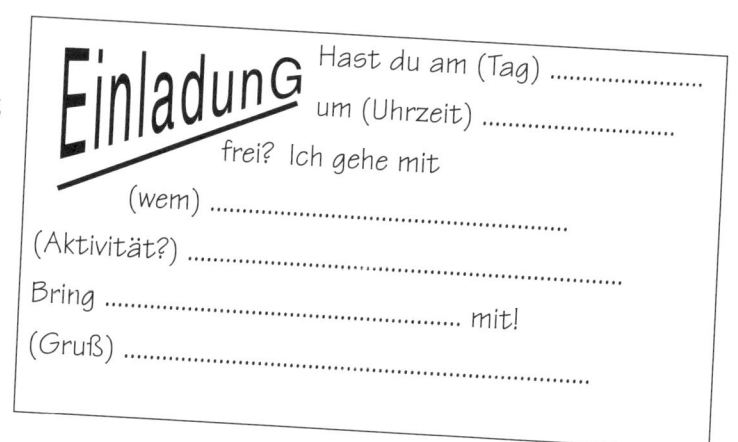

Einladung
Hast du am (Tag) ....
um (Uhrzeit) ....
frei? Ich gehe mit
(wem) ....
(Aktivität?) ....
Bring .... mit!
(Gruß) ....

When filling in a gapped text, stick to words and phrases you are confident of, even if their meaning sounds a bit unusual. For example, it's better to invite someone here to come to the cinema and bring some popcorn with them (if you know that vocabulary), than to get in a muddle over an invitation to a darts tournament where you might not be sure of the words.

3 *[F/H]* Schreib dein Sportprofil. Was machst du? Wie oft? Wie findest du das? Schreib nicht mehr als 50 Wörter.

> Einmal pro Woche spiele ich Fußball in der Schule. Das finde ich toll! Samstags gehe ich ...

Be careful about word order when writing a text in German. Remember the sequence:
1 TIME (*einmal pro Woche*)
2 VERB (*spiele*)
3 SUBJECT (*ich*)
4 OBJECT (*Fußball*)
5 PLACE (*in der Schule*)

4 *[H]* **Entweder Aufgabe A**
Letztes Wochenende hast du viel gemacht! Schreib einen Bericht (150 Wörter) über das Wochenende. Im Bericht musst du folgendes erwähnen:

Party!

JUGENDZENTRUM   GESCHÄFTE

Oder Aufgabe B
Schreib einen Brief (150 Wörter) an Katarina. Schreib über deine Familie und deine Hobbys. Gib so viele Informationen über deine Hobbys wie möglich. Stell auch einige Fragen über Katarinas Familie und Hobbys.

> **GESUCHT:** Brieffreund/in zwischen 14 und 18 J. Schreib bald: Katarina Blumenstrauß, Friedhofstraße 19, UNNA

Make sure that you do as you are told! In 4A, you have to include all the points given. In 4B, don't forget to ask some questions of your own.

© Mary Glasgow Publications 1997

Tapescript

DIE FREIZEIT

1

Tanja	Ich heiße Tanja und ich spiele Klavier.
Maria	Ich heiße Maria und ich spiele Querflöte im Orchester.
Sven	Mein Name ist Sven. Ich spiele Geige ... Ich spiele schon seit vier Jahren Geige.
Johann	Mein Name ist Johann und ich spiele Trompete im Orchester.

2

Mann	Was machst du gern in deiner Freizeit, Karin?
Karin	Mein Lieblingshobby ist Schwimmen. Ich gehe zweimal pro Woche ins Schwimmbad.
Mann	Was machst du nicht gern?
Karin	Angeln! Mein Freund angelt gern, aber ich finde es so langweilig!
Mann	Und du, Udo? Was ist dein Lieblingshobby?
Udo	Ich sehe besonders gern fern. Ich finde es immer interessant.
Mann	Und was machst du nicht gern?
Udo	Ich kann nicht gut Schlittschuhlaufen. Ich falle immer hin und das tut weh! Schlittschuhlaufen mag ich nicht.

3

Mann	Was machst du am Wochenende, Annette?
Annette	Am Samstag gehe ich zum Fußballspiel, Hamburg gegen Bayern München. Das müsste spannend sein!
Mann	Und am Sonntag? Hast du 'was vor?
Annette	Ja, ich gehe mit meiner Familie ins Restaurant
Mann	Was machst du dieses Wochenende, Claudia?
Claudia	Am Samstag gehe ich ins Schwimmbad. Ich schwimme besonders gern und mache samstags einen Schwimmkurs. Am Sonntagabend gehe ich mit Dieter ins Kino.
Frau	Und was hast du fürs Wochenende geplant, Eike?
Eike	Für Samstag nichts! Ich bin ziemlich müde und möchte den ganzen Tag faulenzen!
Frau	Und möchtest du auch am Sonntag faulenzen?
Eike	Nein, überhaupt nicht! Ich gehe mit meinen Freunden Windsurfen. Das ist ein neues Hobby für mich und es gefällt mir gut.

4

Oma	Wohin gehst du, Rainer?
Rainer	Ich gehe mit Freunden aus. Wir gehen zu einem Popkonzert.
Oma	Immer diese blöde Popmusik! Der schreckliche Lärm die ganze Zeit und überhaupt keine Melodie. Warum kannst du nicht ab und zu klassische Musik hören?
Rainer	Es gefällt mir halt nicht. Popmusik finde ich toll, weil die Texte oft interessant sind und weil die Musik gut zum Tanzen ist.
Oma	Popmusik! Tanzen! Warum kannst du kein nützliches Hobby haben?
Rainer	Was hast du denn früher gemacht?
Oma	Als ich jung war, war mein Lieblingshobby Stricken. Ich habe Pullover für die ganze Familie gestrickt. Und ich habe auch oft in meiner Freizeit im Garten gearbeitet. Es war toll, Blumen und Gemüse für die Familie und Freunde anzupflanzen.
Rainer	Aber damals gab es kein Fernsehen, keine Popmusik, keine Discos ...
Oma	Genau! Das ist ja das Problem! Die Jugendlichen heutzutage denken nur an Spaß, sie denken nie an andere Leute und wie sie hilfsbereit sein können!
Rainer	Aber Oma, sei nicht so intolerant ...
Oma	Intolerant! Das bin ich nie gewesen!
Rainer	Aber die alten Leute beklagen sich immer so viel. Lass mich mal ein bisschen leben, Oma! Tschüss!

© Mary Glasgow Publications 1997

Answers

DIE FREIZEIT

HÖREN

1. a) Johann, b) Tanja, c) Sven, d) Maria

2. Karin: swimming (✓), fishing (✗)
   Udo: television (✓), ice skating (✗)

3. Annette: Samstag/Fußballspiel, Sonntag/Restaurant
   Claudia: Samstag/Schwimmbad, Sonntag/Kino
   Eike: Samstag/faulenzen, Sonntag/Windsurfen

4. a) schrecklicher Lärm, überhaupt keine Melodie
   b) interessante Texte, gut zum Tanzen
   c) Stricken, im Garten arbeiten
   d) sie denken nur an Spaß/sie denken nie an andere Leute
   e) sie beklagen sich immer so viel

SPRECHEN Example answers

1. Am Montag gehe ich schwimmen. Am Dienstag spiele ich Fußball. Am Mittwoch gehe ich kegeln. Am Donnerstag gehe ich wandern. Am Freitag gehe ich auf eine Party.

2. 1 Ich spiele sehr gern Fußball.
   2 Das mache ich im Stadion.
   3 Normalerweise spiele ich samstags von zehn bis dreizehn Uhr.
   4 Ich bin Mitglied vom Sportclub Inter und ich spiele mit ihnen.
   5 Es kostet ungefähr drei Mark pro Woche.

3. Sample statements
   Hallo! Hast du Lust mit mir ins Kino zu gehen?
   Hast du am Montag frei?
   Wie wär's mit Dienstag?
   Ach, schade, am Mittwoch spiele ich Korbball.
   Nein, das passt mir nicht sehr gut, weil ich zum Schimmkurs gehe.
   Am Freitag gehe ich auf eine Party. Möchtest du mitkommen?
   Also, wann treffen wir uns?
   Ja, acht Uhr ist gut.
   Treffen wir uns an der Bushaltestelle am Ende deiner Straße?
   Toll. Also, tschüss. Bis Samstag!

LESEN

1. 1g 2a 3d 4e 5b

2. 1D 2C 3B 4A

3. Anja: Kino, Uhr, Bahnhof
   Klaus: Radtour, Samstag, Picknick

4. b, c, d, g

5. a) Maia Thiedemann
   b) weil die Innenstadt kein Spielplatz sein sollte
   c) Inline-Skates
   d) sie versuchen es selbst
   e) sie wollte mehr über die Sportart herausfinden
   f) Treppen und Hindernisse

SCHREIBEN Example answers

1. Tennis, Golf, Federball, Tischtennis, Reiten

2. Samstag, 16.00 Uhr, meiner Familie, ins Kino, Geld, bis bald, ...

3. Samstags gehe ich immer ins Schwimmbad. Ich schwimme ungefähr 900 Meter. Das finde ich anstrengend. Am Montag habe ich Sport in der Schule. Im Winter spielen wir Fußball und im Sommer machen wir Leichtathletik. Ich hasse Leichtathletik. Ab und zu gehe ich mit meinen Freunden kegeln. Das ist gar nicht anstrengend, aber es macht sehr viel Spaß!

4A Letztes Wochenende war total super! Am Freitagabend hat alles angefangen – dann bin ich mit meinen Freunden auf eine Party gegangen. Es war eine Geburtstagsparty, und wir haben viel getanzt. Das Essen war lecker – Wurst mit Pommes und Sauerkraut! Am Samstag musste ich leider früh aufstehen, weil ich mit meiner Mutter einkaufen gehen musste. Sie wollte mir eine neue Jacke für die Schule kaufen. Das war sehr langweilig, und wir haben nichts gefunden. Am Abend wollte ich früh ins Bett gehen, aber mein bester Freund hat angerufen. Es gab einen tollen Film im Jugendzentrum, und er wollte unbedingt hingehen. Natürlich wollte ich auch hin, aber während des Films bin ich eingeschlafen! Sonntag war ein schöner Tag. Ich bin mit meiner Familie in die Berge gefahren, wo wir eine Wanderung gemacht haben. Zu Mittag haben wir ein Picknick in einem alten Schloss gemacht. Das war so schön und das Wetter war wunderbar!

Vokabular

ZU HAUSE

ROOMS

das Zimmer (-), der Raum (¨e)	room
das Schlafzimmer (-)	bedroom
das Wohnzimmer (-)	living room
das Esszimmer (-)	dining room
das Badezimmer (-)	bathroom
das Kinderzimmer (-)	children's room
das Arbeitszimmer (-)	workroom, study
das Gästezimmer (-)	guest room
die Küche (n)	kitchen
die Dusche (n)	shower
die Toilette (n)	toilet
der Flur (e)	hall, landing
der Keller (-)	cellar
der Dachboden (-böden)	attic
der Gang (¨e)	corridor
der Balkon (s)	balcony
die Garage (n)	garage

HOUSES

das Haus (Häuser)	house
die Wohnung (en)	flat
der Wohnblock (-blöcke)	block of flats
der Bungalow (s)	bungalow
das Doppelhaus (-häuser)	semi-detached house
das Einfamilienhaus (-häuser)	detached house
das Reihenhaus (-häuser)	terraced house
das Hochhaus (-häuser)	high-rise block

IN A HOUSE

das Fenster (-)	window
die Tür (en)	door
die Treppe (n)	step, stair
die Mauer (n)	wall (outside)
die Wand (¨e)	wall (inside)
der Boden (¨)	floor
das Dach (¨er)	roof
die Decke (n)	ceiling
der Schornstein (e)	chimney
die Steckdose (n)	socket
der Stecker (-)	plug

FURNITURE

die Möbel (pl)	furniture
das Bett (en)	bed
das Bücherregal (e)	bookshelf
der Schrank (¨e)	cupboard
der Kleiderschrank (¨e)	wardrobe
der Tisch (e)	table
der Schreibtisch (e)	desk
die Kommode (n)	chest of drawers
der Nachttisch (e)	bedside table
das Regal (e)	shelf
der Stuhl (¨e)	chair
der Sessel (-)	armchair
das Sofa (s)	sofa
das Waschbecken (-)	basin
das Bad (¨er)	bath
das Bild (er)	picture
das Kopfkissen (-)	pillow
das Federbett (en)	duvet
das Kissen (-)	cushion
der Teppich (e)	carpet, rug
der Vorhang (-hänge)	curtain
die Lampe (n)	lamp
das Licht (er)	light
der Spiegel (-)	mirror

KITCHEN

der Herd (e), der Ofen (¨)	oven
der Mikrowellenherd (e)	microwave oven
das Spülbecken (-)	sink
die Spülmaschine (n)	dishwasher
der Kühlschrank (¨e)	fridge
die Tiefkühltruhe (n)	freezer
die Waschmaschine (n)	washing machine
die Pfanne (n)	pan
der Topf (¨e)	saucepan
die Tasse (n)	cup
der Teller (-)	plate
die Untertasse (n)	saucer
die Schüssel (n), die Schale (n)	bowl
das Glas (¨er)	glass
der Löffel (-)	spoon
das Messer (-)	knife
die Gabel (n)	fork
der Korkenzieher (-)	corkscrew
der Dosenöffner (-)	can opener

ROUTINE

auf/wachen	to wake up
auf/stehen	to get up
sich waschen	to wash yourself
sich die Zähne putzen	to brush your teeth
sich das Haar bürsten	to brush your hair
sich an/ziehen	to get dressed

© Mary Glasgow Publications 1997

ZU HAUSE — Vokabular

sich um/ziehen	to get changed
sich aus/ziehen	to get undressed
frühstücken	to have breakfast
zur Schule gehen	to go to school
aus/gehen	to go out
ins Bett gehen	to go to bed
ein/schlafen	to go to sleep

HOUSEWORK

im Haushalt helfen	to help at home
das Bett machen	to make the bed
den Rasen mähen	to mow the lawn
den Tisch decken	to lay the table
ab/trocknen	to dry up
ab/waschen	to wash up
auf/räumen	to tidy up
backen	to bake
bügeln	to iron
einkaufen gehen	to go shopping
kehren	to sweep
kochen	to cook
putzen	to clean
sauber/machen	to clean
staub/saugen	to vacuum
waschen	to wash

EXTRA

um/ziehen	to move
mieten	to rent
möblieren	to furnish
der Hausmeister (-)	caretaker (m)
die Hausmeisterin (nen)	caretaker (f)
der (Fenster)Laden (-)	shutter
der Kamin (e)	fireplace
die Zentralheizung (en)	central heating
der Hahn (¨e)	tap
der Papierkorb (-körbe)	wastepaper basket
das Bettzeug	linen
die Wolldecke (n)	blanket
das Besteck	cutlery
das Geschirr	crockery
die Glühbirne (n)	bulb
das Bügeleisen (-)	iron
sich rasieren	to shave
der Fön (e)	hair drier
der Kamm (¨e)	comb
der Rasierapparat (e)	shaver
die Bürste (n)	hair brush
die Hausarbeit	housework
ab/stauben	to dust
schälen	to peel

PHRASES

Ich wohne in einer Drei-Zimmer Wohnung.	I live in a flat with three rooms.
Unser Haus liegt auf dem Land.	Our house is in the country.
Die Umgebung ist sehr laut und schmutzig.	The area is very noisy and dirty.
Unser Garten ist sehr groß/klein.	Our garden is very big/small.
Wir haben keine Garage.	We haven't got a garage.
Ich teile mein Zimmer mit meinem Bruder.	I share my room with my brother.
Unsere Nachbarn sind freundlich.	Our neighbours are friendly.
Im ersten Stock gibt es drei Schlafzimmer.	On the first floor there are three bedrooms.
Darf ich bitte duschen?	Can I take a shower, please?
Wo ist die Seife?	Where is the soap?

In welchem Zimmer findet man diese Sachen?
a Bett
b Sofa
c Dosenöffner
d Tisch
e Fernsehen
f Kleiderschrank
g Bad

Wie sagt man das auf Deutsch?
a I live in a terraced house.
b My house is small and quite modern.
c In my bedroom I have a bed, a wardrobe, a bookcase and a bedside table.
d The sofa in the living room is red.
e I do my homework at the desk in the study.
f I get up at 7.30 am.

Die Antworten findest du in der Vokabelliste, oder frag deinen Lehrer/deine Lehrerin.

Hören

ZU HAUSE

1 *[F]* Rudi beschreibt sein Schlafzimmer. Wo sind diese Möbel?

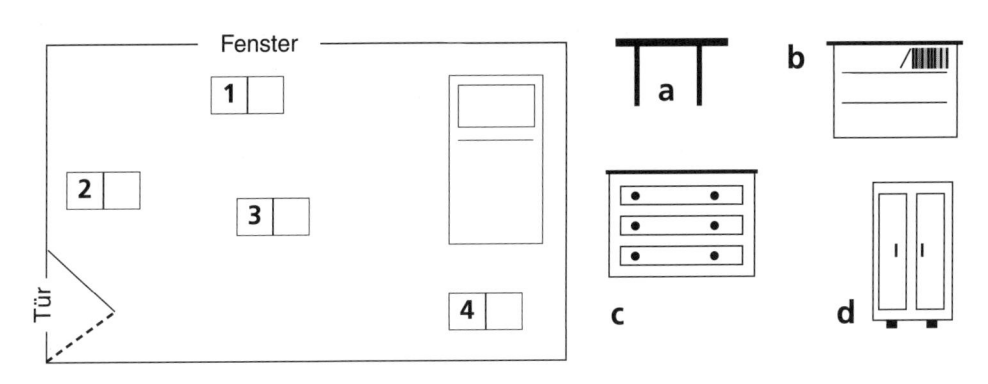

Remember that you will hear the tape twice, so don't worry if you don't hear everything the first time. Fill in what you can after the first hearing and concentrate on the missing information during the second hearing.

2 *[F]* Wie helfen diese jungen Leute zu Hause? Hör zu und kreuze an.

Anke						
Rolf						
Stefan						

Remember that one or more people might do the same things to help at home, so don't rule out an activity just because you've already ticked it for someone else.

3 *[F/H]* Wolfgang und Hannah beschreiben ihr Haus. Füll die Tabelle aus.

	Wo?	Seit wann?	Schlafzimmer (2 Details)	Meinung
Wolfgang				
Hannah				

You often get two chances to understand what you have to do in a listening activity. Here you can use the rubric and the headings in the grid to sort out what information you are listening for.

4 *[H]* Bernd und seine Mutter diskutieren heftig! Bernd will nicht mehr zu Hause wohnen. Hör zu und schreib die Vorteile und Nachteile auf.

Vorteile	Nachteile
1	
2	
3	
4	

Don't panic if it seems a long time before you hear the first bit of information you need. Just keep on listening and take notes when you hear an advantage or a disadvantage.

© Mary Glasgow Publications 1997   **39**

ZU HAUSE

Sprechen

1 *[F]* Hier ist dein Schlafzimmer. Beantworte die Fragen.

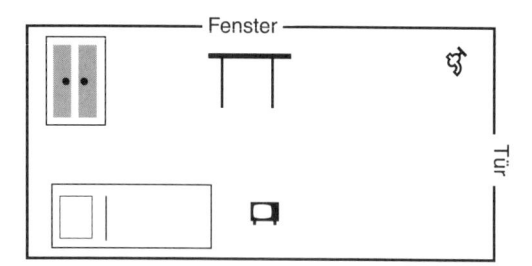

1. Ist dein Zimmer groß oder klein?
2. Was für Möbel hast du?
3. Wo ist der Tisch?
4. Hast du einen Computer?
5. Wie findest du dein Zimmer?

The questions are given here to help you test yourself. You won't see the questions in the exam, but the more practice you get now, the easier you will find it to predict the type of questions you will be asked in the exam.

2 *[F/H]* Du hast diese Wohnung zu vermieten. Beantworte die Fragen.

ab 1.3 frei
Rathausstr. 66
2-Zi.-Whg. mit Kü. und Badez.
Balkon.   DM 450,-

1. Wo ist die Wohnung?
2. Wie groß ist die Wohnung?
3. Können Sie bitte die Wohnung beschreiben?
4. Wie hoch ist die Miete?
5. Ab wann ist die Wohnung frei?

3 *[H]* Im Sommer möchtest du mit deiner Familie einen Haustausch mit einer deutschen Familie machen. Du hast die Informationen an die Firma HausTausch geschickt. Jetzt ruft eine deutsche Familie an! Versuch sie zu überzeugen, dass dein Haus ideal für sie ist. Stell auch Fragen über das Haus der deutschen Familie.

HausTausch
Möchten Sie Urlaub in Deutschland machen?
Wie wäre es mit einem Haustausch?
Schicken Sie uns Ihre Informationen, und wir organisieren einen Haustausch für Sie!

Here you will need to respond to unpredictable questions. Prepare yourself by answering these:
Das Haus ist vielleicht zu klein. Wie viele Betten gibt es?
Wir brauchen einen Garten. Wie groß ist Ihr Garten?
Gibt es gute Parkmöglichkeiten?
Ist die Küche modern – ich koche sehr gern!
Was gibt es im Wohnzimmer? – Wir sehen gern fern und hören gern Musik.
Don't forget to ask a few questions of your own as well.

■ **Beantworte diese Fragen.**

Wo wohnst du?

Wie findest du dein Haus/deine Wohnung?

Hast du dein eigenes Zimmer?

Beschreib kurz dein Haus/Zimmer.

Wie hilfst du zu Hause?

Gefällt dir dein Zimmer? Warum (nicht)?

Was gefällt dir am besten an deinem Haus?

Wer hilft bei dir zu Hause am meisten? Ist das fair oder unfair?

Was machst du auf deinem Zimmer?

■ **Bereite einen kleinen Vortrag über dein Zimmer vor.**

Ich habe mein eigenes Zimmer./Ich teile ein Zimmer mit ...

Mein Zimmer liegt ...

Die Wände sind ...

Der Teppich ist ...

Im Zimmer habe ich ...

Ich finde mein Zimmer ..., weil ...

Vom Fenster aus sehe ich ...

Lesen A

ZU HAUSE

1 *[F]* Was kauft man bei Obstmann?

a) Äpfel _____

b) Tische und Stühle _____

c) Uhren _____

OBSTMANN
24 Fridolinstr. 24 Tel: 396 42 21
Allerlei Möbel
Schlußverkauf im Juli
täglich 8–18 Uhr

You won't always find the exact words you are looking for in a text. For example, in a shop advertising *Alles zum Lesen!*, you might buy *Bücher*.

2 *[F]* Wo sollten diese Leute am besten wohnen? Wähl eine Anzeige (1, 2 oder 3) unten aus.

a) Ich bin Geschäftsfrau und reise durch ganz Deutschland. _____

b) Ich bin Schülerin an der Berufsschule. _____

c) Ich bin Arzt und ziehe mit meiner Familie nach Hannover. _____

HANNOVER WOHNUNGSMARKT

VERMIETUNGEN

1 1-Zi.-Whg., Stadtmitte, DM 400,-, Tel: 425 57 99

2 Schöne, ruh. 4-Zi.-Whg. mit Garten, Nähe Rathausplatz, DM 1500,- Tel: 473 22 74

3 Bundesbahnnähe, 2-Zi.-Luxus-Whg., kompl. renoviert, neues Badez., Balkon, Miete DM 1600,- inkl. NK, Tel: 783 48 29

Use your common sense to understand the abbreviations in the adverts. For example, *Whg.* = *Wohnung*.

3 *[F/H]* Lies die Texte. Sind die Sätze unten richtig (✓) oder falsch (✗)?

Ingo Ich wohne in einem Reihenhaus am Stadtrand. Das Haus ist sehr klein, und ich muss leider ein Zimmer mit meinem Bruder teilen. Wir haben ein Wohnzimmer mit Essecke und eine Küche unten. Oben gibt's zwei Schlafzimmer und ein Badezimmer. Der Garten ist auch sehr klein, aber besser als gar kein Garten! Ich finde mein Zimmer ungemütlich, weil es so eng ist. Meine Hausaufgaben mache ich meistens unten.

Steffi Früher hatten wir eine Wohnung in der Stadtmitte. Seit letzten Dienstag wohnen wir in einem schönen Doppelhaus etwas außerhalb der Stadt. Das Haus hat vier Schlafzimmer, zwei Badezimmer, einen Keller, ein Wohnzimmer, ein Esszimmer und eine moderne Küche. Mein Zimmer ist auf dem Dachboden und ich fühle mich sehr wohl in meinem Zimmer, weil ich dort alles habe, was ich brauche: meinen Computer, meine Stereoanlage, meine Bücher, meinen Fernseher, mein Telefon ...

Deal with one person at a time. Read through Ingo's text and then answer the true/false statements that apply to him. Then move on to Steffi and her true/false statements.

a) Steffis Zimmer ist ganz oben im Haus. _____

b) Ingos Haus hat drei Zimmer unten. _____

c) Ingo hat sein eigenes Zimmer. _____

d) Steffis Haus ist größer als Ingos Haus. _____

e) Ingo ist froh, dass er einen Garten hat. _____

f) Ingo macht seine Schularbeiten oben. _____

g) Steffi mag ihr Zimmer. _____

h) Früher hat Steffi am Stadtrand gewohnt. _____

© Mary Glasgow Publications 1997

ZU HAUSE — Lesen B

4 [H] Seit zwei Wochen ist Kirsten Studentin an der Heidelberger Uni. Sie hat wenig Geld und mietet ein kleines Zimmer in einem Hochhaus. Hier schreibt sie zum ersten Mal an ihre Mutter.
Wie hat Kirsten ihr Zimmer schön und praktisch eingerichtet?
Schreib fünf Einzelheiten auf Englisch auf.

Heidelberg, 12. September

Liebe Mutti!

Das Leben als Studentin gefällt mir gut und ich habe schon viele nette Leute kennengelernt. Heidelberg ist eine sehr schöne, historische Stadt. Glücklicherweise habe ich ein billiges — und sehr kleines! — Zimmer gefunden und jetzt habe ich es schön eingerichtet.

Im Zimmer waren nur ein Bett, ein Kleiderschrank und ein Tisch! Es gibt keine Kochmöglichkeiten, aber das ist mir egal, weil ich jeden Tag in der Mensa esse. Ich habe mir sowieso eine kleine Kochecke mit meiner Kaffeemaschine und Keksen eingerichtet.

Der Schrank im Zimmer ist hässlich, aber ich habe einen bunten Vorhang darübergehängt und jetzt sieht er viel schöner aus!

Ein Tisch ist sehr wichtig, wenn ich in meinem Zimmer lernen will, aber ohne Stuhl geht's wohl schlecht! Ich habe Glück gehabt, weil ich einen alten Stuhl auf dem Flohmarkt gefunden habe. Sehr praktisch!

Im Zimmer gibt's kein Bücherregal, aber ich habe mir selber eins gebaut! Ich habe ein paar Blumentöpfe und Holzlatten unten im Keller gefunden und habe mir einfach ein Regal daraus gemacht.

Trotzdem gibt's noch wenig Platz für meine Bücher und Dokumente. Also habe ich einige Kartons vom Supermarkt mit nach Hause gebracht. Ich habe die Kartons angemalt und deutlich beschriftet. Die sind jetzt unter dem Bett!

Die Wände im Zimmer sind ein bisschen schmutzig und ich kann mir schöne Posters nicht leisten. Ich bin aber zum Reisebüro gegangen, um Broschüren zu sammeln. Ich habe die schönsten Bilder herausgeschnitten und jetzt habe ich die ganze Welt an der Wand!

Wann kommst du zu Besuch? Ich freue mich schon darauf. Am besten wohnst du im Hotel nebenan. Platz für zwei Personen gibt's sicher nicht!

Liebe Grüße, deine Kirsten

---

1 **set up a small cooking area with coffee machine and biscuits**

2 _____

3 _____

4 _____

5 _____

6 _____

Make sure that you answer in English when asked. The letter from Kirsten is split into paragraphs and this should help you to identify when she mentions something new.

Schreiben

ZU HAUSE

1 *[F]* Was für Möbel hast du in deinem Zimmer? Schreib eine Liste.

1. Bett
2.
3.
4.
5.
6.

Don't worry about writing the *der/die/das* for each word. Just the noun is fine in a list.

2 *[F]* Wie hilfst du im Haushalt?

1. Ich gehe einkaufen.
2.
3.
4.
5.
6.

Keep your writing simple! Don't add in any extra details unless you are confident that they are correct.

3 *[F/H]* Schreib einen Text (ungefähr 50 Wörter) mit dem Titel: Mein ideales Schlafzimmer.

Möbelhaus Dudelmann
WETTBEWERB
1. Preis DM 500,- 2. Preis DM 200,-
Schreibt einen Text mit dem Titel:
Mein ideales Schlafzimmer

If there is not much guidance given for your writing, think of some useful headings. Here, for example, you could choose location, size, colours, furniture and your opinion. You then only need to write about 10 words for each of your headings.

4 *[H]* Entweder Aufgabe A
Du bekommst diesen Brief von deiner Brieffreundin. Schreib eine Antwort an Ingrid. Wie findest du das Leben zu Hause? Vor- und Nachteile, zu Hause zu wohnen? Vor- und Nachteile, ein Zimmer zu mieten?

Ich halte es hier nicht aus! Zu Hause habe ich immer Ärger mit meinen Eltern und Geschwistern. Unmöglich! Ich habe vor, irgendwo in der Stadt ein Zimmer zu mieten. Was meinst du dazu?
Schreib bald!
Deine Brieffreundin, Ingrid

Oder Aufgabe B
Du bist neulich umgezogen. Schreib einen Brief an deinen/deine Brieffreund/in, um dein neues Haus zu beschreiben. (150 Wörter)

Wie war der Umzug?
Beschreibung des Hauses
Dein Zimmer? Meinung?
Wie hast du es eingerichtet?
Besser/Schlechter? Warum?

Take care to set your letter out correctly with your town and the date on the right-hand side:
Berlin, 12. Mai 1997.
Use *Liebe* (+ girl's name) and *Lieber* (+ boy's name).
Finish off your letter with a suitable ending:
Mit besten Grüßen, ...
Viele Grüße, ...
Mit freundlichen Grüßen, ...
Alles Liebe, ...

© Mary Glasgow Publications 1997

ZU HAUSE — Tapescript

1

Frau	Rudi, wo ist dein Bett?
Rudi	Mein Bett ist in der Ecke.
Frau	Und dein Tisch? Wo ist er?
Rudi	Mein Tisch ist in der Mitte des Zimmers.
Frau	Und hast du ein Bücherregal?
Rudi	Ja, mein Bücherregal ist unter dem Fenster.
Frau	Und wo ist deine Kommode?
Rudi	Die Kommode ist in der Ecke, am Ende vom Bett.
Frau	Und dein Kleiderschrank? Wo ist er?
Rudi	Mein Kleiderschrank ist hinter der Tür.

2

Frau	Anke, wie hilfst du zu Hause?
Anke	Ich spüle jeden Tag. Am Wochenende wasche ich das Auto ... und ich arbeite im Garten.
Frau	Und du, Rolf? Musst du zu Hause helfen?
Rolf	Nur am Wochenende. Dann passe ich auf meine Schwester auf. Sie ist noch ein Baby. Manchmal koche ich auch das Mittagessen.
Frau	Wie hilfst du zu Hause, Stefan?
Stefan	Wie Anke, ich spüle jeden Tag. Ab und zu wasche ich auch die Wäsche. Wenn ich mehr Taschengeld brauche, wasche ich das Auto.

3

Wolfgang	Ich war mit meinen Eltern im Ausland, aber vor zwei Monaten sind wir zurückgezogen. Jetzt haben wir eine Wohnung in einem schönen Wohnblock in der Stadtmitte gefunden. Die Wohnung ist nicht besonders groß, und mein Schlafzimmer ist sehr klein, aber dafür habe ich eine tolle Aussicht vom Fenster in meinem Zimmer. Ich habe viele Freunde in der Stadt und das gefällt mir gut.
Heike	Letztes Jahr sind wir umgezogen. Jetzt haben wir ein großes Einfamilienhaus am Stadtrand. Es hat vier Schlafzimmer und ich bin froh, dass ich nicht mehr mit meiner Schwester ein Zimmer teilen muss. Die Farben im Zimmer sind hässlich, aber ich habe vor, das Zimmer in den Sommerferien zu streichen. Es ist besonders schön, dass wir einen Garten haben, weil ich gern Fußball mit unserem Hund spiele.

4

Mutti	Bernd! In deinem Zimmer herrscht totales Chaos! Räum es bitte sofort auf!
Bernd	Unordnung stört mich überhaupt nicht ....
Mutti	Aber ich will ein bisschen Ordnung in unserem Haus haben!
Bernd	Ich bin achtzehn Jahre alt und du gehst mir langsam auf die Nerven, Mutti!
Mutti	Wenn du dein Zimmer nicht aufräumst, werfe ich dich raus!
Bernd	Kein Problem! Ich ziehe einfach bei meiner Freundin ein.
Mutti	Aber Bernd, es ist sehr teuer, weg von zu Hause zu wohnen. Denk an die Miete!
Bernd	Aber dafür hat man keine Probleme mit den Eltern. Ach, das wäre toll!
Mutti	Was würdest du ohne Mutti machen?
Bernd	Bei mir wäre es immer unordentlich! Nie aufräumen!
Mutti	Aber ich mache die Wäsche für dich.
Bernd	Und ich hätte einen Fernseher ganz für mich allein. Nie Streit um die Fernsehprogramme.
Mutti	Und ich koche auch für dich. Dreimal pro Tag!
Bernd	Und ich könnte spät nach Hause kommen, ohne dich zu stören.
Mutti	Und wenn du nicht bei mir wohnst, hättest du am Wochenende kein Auto zum Ausgehen.
Bernd	Hmm, ah, das stimmt. Vielleicht bleibe ich noch eine Weile hier.
Mutti	Gute Idee!

Answers

ZU HAUSE

HÖREN

1   1b 2d 3a 4c

2   Anke: 🍳 ❄ 🚗   Rolf: 🍲 🚼
    Stefan: 🍳 ⚡ 🚗

3   Wolfgang: Wohnung in der Stadtmitte; 2 Monate; klein/tolle Aussicht; gefällt gut

Hannah: Einfamilienhaus am Stadtrand; 1 Jahr; muss nicht teilen/hässliche Farben; der Garten gefällt ihr gut

4   Vorteile: keine Probleme mit den Eltern, kann in Unordnung wohnen, kein Streit um die Fernsehprogramme, kann spät nach Hause kommen,
    Nachteile: Miete, muss selbst die Wäsche machen, muss selbst kochen, kein Auto

SPRECHEN   Example answers

1   1 Mein Zimmer ist ziemlich klein.
    2 Ich habe ein Bett, eine Kommode, einen Tisch und ein Waschbecken.
    3 Der Tisch ist am Fenster.
    4 Nein, aber ich habe einen Fernseher im Zimmer.
    5 Mein Zimmer ist klein und schön.

2   1 Die Wohnung ist in der Rathausstraße in der Stadtmitte.
    2 Es ist eine Zwei-Zimmer Wohnung.
    3 Ja, die Wohnung hat eine Küche und ein Badezimmer. Es gibt auch einen Balkon.
    4 Die Wohnung kostet vierhundertfünfzig Mark pro Monat.
    5 Die Wohnung ist ab ersten März frei.

3   Sample statements
    Hallo, hier spricht X. Ja, wir interessieren uns sehr für einen Haustausch.
    Wir wohnen in der Stadtmitte, nur fünf Minuten vom Hauptbahnhof.
    Wir haben ein Reihenhaus. Das Haus hat eine Küche, drei Schlafzimmer, ein Badezimmer und eine Garage.
    Leider gibt es keinen Garten, aber der Park ist ganz in der Nähe.
    Unser Haus ist modern, und die Nachbarn sind alle sehr freundlich.
    Wie ist Ihr Haus?
    Ab wann wäre das Haus frei?
    Wir möchten den Haustausch im August machen.
    Wir haben eine Katze. Würden Sie auf sie aufpassen?
    Wir sind Raucher. Ist das ein Problem?
    Wir brauchen unbedingt einen Fernseher – haben sie einen?

LESEN

1   b

2   a3 b1 c2

3   a✓ b✗ c✗ d✓ e✓ f✗ g✓ h✗

4   covered wardrobe with a bright curtain; found an old chair at the flea market; built a bookcase from flowerpots and wood; painted and labelled cardboard boxes to store her books; cut out pictures from travel brochures to cover dirty walls

SCHREIBEN   Example answers

1   Tisch, Kleiderschrank, Stuhl, Regal, Kommode

2   Ich wasche ab. Ich arbeite im Garten. Ich decke den Tisch. Ich koche das Abendessen. Ich putze das Wohnzimmer.

3   Mein ideales Zimmer liegt ganz oben auf dem Dachboden. Das Zimmer ist wirklich groß mit zwei riesigen Fenstern. Die Aussicht ist wunderbar. Das Zimmer hat blaue Wände und einen weißen Teppich. Die Vorhänge sind blau und weiß gestreift. In der Mitte des Zimmers ist mein Bett, und an einer Wand ist ein großer Fernseher. Mein Zimmer ist das schönste Zimmer in der Stadt!

4B   Mannheim, 24. April 1997
Liebe Anna,
endlich sind wir in der neuen Wohnung! Der Umzug war wohl eine Katastrophe – der Lastwagen ist erst um elf Uhr angekommen (drei Stunden Verspätung!). Wir haben alles eingepackt, aber ich habe einen großen Spiegel fallengelassen! Ich war ziemlich traurig, als wir losgefahren sind, weil das alte Haus mir immer gut gefallen hat. Ich wollte eigentlich nicht in die Stadt ziehen. Aber jetzt bin ich ein Stadtmensch, und es gefällt mir hier doch gut. Die Wohnung ist zwar klein, aber ich habe mein eigenes Zimmer. Ich habe es schön eingerichtet, und ich sitze hier jetzt am Schreibtisch neben dem Fenster. Das Zimmer ist sehr gemütlich, und Kiki (unsere Katze) schläft gern bei mir in der Ecke. Ich vermisse unseren Garten im alten Haus, aber es gibt einen großen Park direkt hinter dem Wohnblock, also gehe ich oft mit meinem Bruder dorthin. Hoffentlich kommst du bald zu Besuch!
Viele Grüße, ...

© Mary Glasgow Publications 1997

Vokabular

DIE UMGEBUNG

BUILDINGS

das Einkaufszentrum (-zentren)	shopping centre
das Geschäft (e)	shop
der Markt (¨e)	market
das Postamt (-ämter)	post office
die Bank (en)	bank
das Reisebüro (s)	travel agency
die Bibliothek (en)	library
der Dom (e)	cathedral
die Kirche (n)	church
das Verkehrsamt (-ämter)	tourist information
das Kino (s)	cinema
das Theater (-)	theatre
das Museum (Museen)	museum
das Schloss (¨er)	castle
das Rathaus (-häuser)	town hall
die Eishalle (n)	ice skating rink
das Schwimmbad (¨er)	swimming pool
der Bahnhof (-höfe)	railway station
der Busbahnhof (-höfe)	bus station
der Flughafen (-häfen)	airport
die Kneipe (n)	bar
das Restaurant (s)	restaurant
die Imbissstube (n)	snack bar
die Jugendherberge (n)	youth hostel
der Campingplatz (-plätze)	campsite
das Hotel (s)	hotel
die Schule (n)	school
das Krankenhaus (-häuser)	hospital
die Polizeiwache (n)	police station
die Fabrik (en)	factory
die Garage (n)	garage

bergig	mountainous
hügelig	hilly
industriell	industrial
ländlich	agricultural
touristisch	touristy

gegenüber von	opposite
neben	next to
hinter	behind
vor	in front of
zwischen	between
gleich daneben	right beside it
in der Nähe von	near

IN TOWN

die Großstadt (-städte)	large town
die Hauptstadt (-städte)	capital
die Hauptstraße (n)	High Street
die Einbahnstraße (n)	one-way street
die Fußgängerzone (n)	pedestrian zone
die Stadtmitte	town centre
die Straße (n)	street
die Ecke (n)	corner
die Ampel (n)	traffic lights
die Kreuzung (en)	crossroads
die Brücke (n)	bridge
der Platz (¨e)	square
die Bushaltestelle (n)	bus stop
das Denkmal (e)	statue
der Park (s)	park
das Schild (er)	signpost

COUNTRY

die Landschaft (en)	landscape
das Gebiet (e), die Gegend (en)	area
die Umgebung (en)	surrounding area
das Dorf (¨er)	village
der Bauernhof (-höfe)	farmhouse
der Berg (e)	mountain
der Hügel (-)	hill
der Bach (¨e)	stream
der Fluss (¨e)	river
der See (n)	lake
das Tal (¨er)	valley
das Feld (er)	field
die Wiese (n)	meadow
der Wald (¨er)	wood
der Baum (¨e)	tree
die Blume (n)	flower
die Pflanze (n)	plant

COAST

die Insel (n)	island
die Küste (n)	coast
das Meer (e)	sea
die See (n)	sea
die Gezeiten (pl)	tide
die Düne (n)	dune
der Pier (s)	pier
der Sand	sand
die Sandburg (en)	sandcastle

© Mary Glasgow Publications 1997

Vokabular

DIE UMGEBUNG

der Strand (¨e)	beach
der Strandkorb (-körbe)	wicker beach seat

DIRECTIONS

im Osten	in the east
im Westen	in the west
im Norden	in the north
im Süden	in the south
im Nordosten	in the northeast
westlich (von)	to the west (of)
nördlich	to the north
südlich	to the south
östlich	to the east

EXTRA

der Vorort (e)	suburb
der Friedhof (¨e)	cemetery
die Tiefgarage (n)	underground carpark
das Kaffeehaus (-häuser)	coffee house
der Bahnübergang (-gänge)	level crossing
die Baustelle (n)	roadworks
der Kreisverkehr (-)	roundabout
die Umleitung (en)	diversion
die Unterführung (en)	underpass
der Einwohner (-)	resident
im Zentrum	in the centre

PHRASES

Ich wohne in einer Stadt.	I live in a town.
Meine Familie wohnt auf dem Land.	My family lives in the country.
Wir wohnen an der Küste.	We live on the coast.
Wir wohnen im Zentrum.	We live in the centre.
Meine Stadt liegt im Südwesten.	My town is in the southwest.
Ich wohne in der Nähe der Schule.	I live near to school.
Das Hotel ist in der Hauptstraße.	The hotel is in the main street.
Unser Dorf hat tausend Einwohner.	Our village has a thousand inhabitants.
Hier gibt es nichts/vieles für junge Leute.	There's nothing/a lot for young people here.
Die Umgebung ist sehr industriell.	It's a very industrial area.
Es gibt viele Restaurants und Cafés.	There are a lot of restaurants and cafés.
Nachts ist es ziemlich gefährlich.	It's quite dangerous at night.
Ich wohne seit sieben Jahren in London.	I've been living in London for seven years.
Die Gegend ist sehr schön und ruhig.	The area is very beautiful and peaceful.

Vervollständige die Sätze.

a Meine Umgebung ist …
b Ich wohne in der Nähe von …
c Das Dorf/die Stadt hat ungefähr … Einwohner.
d Für junge Leute gibt es …
e Meine Stadt ist …
f Die Schule liegt …

Wie sagt man auf Deutsch?

a The library is opposite the station.
b I live in a large town.
c There is a hotel in the town centre.
d The surrounding area is agricultural.
e There's a lot for tourists here.
f I've been living here for three years.
g There's a small castle in the town.
h The town hall is right next to the theatre.
i My penfriend lives in a farmhouse.

Die Antworten findest du in der Vokabelliste, oder frag deinen Lehrer/deine Lehrerin.

Schreib wichtige Wörter und Sätze zum Thema »meine Umgebung« auf.

———————————————
———————————————
———————————————
———————————————
———————————————
———————————————
———————————————
———————————————
———————————————
———————————————

Hören

DIE UMGEBUNG

1 *[F]* a) Wo wohnt Karl?   b) Wo liegt das?

- UNNA
- ULM
- URSTADT
- ULZBURG

You know that you will hear one of the four towns given, so think carefully about how each town would be pronounced. Then listen hard to the tape.

2 *[F/H]* Anja beschreibt ihre Stadt. <u>Unterstreiche</u> die vier Fehler im Text.

Anja wohnt nicht gern in Adelboden in der Schweiz. Es gibt ein schönes Hallenbad, gute Geschäfte und ein Eiscafé. Die Gegend ist bergig. Im Sommer geht sie gern angeln und im Winter läuft sie oft Ski.

Be definite and specific about your underlining. Don't underline whole sentences, but rather focus on the key facts that are incorrect.

3 *[F/H]* Udo und Bettina wohnen auf dem Land. Wer sagt das? Hör zu und kreuze entweder Udo oder Bettina an.

	UDO	BETTINA
a) Vor zwei Jahren habe ich in der Stadt gewohnt.	☐	☐
b) Unser Dorf gefällt mir gut.	☐	☐
c) Für mich war das Leben in der Stadt besser.	☐	☐
d) Ich finde das Leben hier nie langweilig.	☐	☐

You can change your mind during the second hearing of the tape, but make sure that you cross out clearly.

4 *[H]* Eike beschreibt seinen Wohnort. Richtig (✓) oder falsch (✗)?

a) Kärnten ist ein Land in Österreich. _____
b) Eike wohnt auf dem Land. _____
c) Seine Schule ist im Dorf. _____
d) Die Fahrt zur Schule dauert zwanzig Minuten. _____
e) Eike wohnt nicht weit von der Grenze zu Italien und Slowenien. _____
f) Die Gegend hat keine Berge. _____
g) Viele Touristen besuchen Kärnten. _____
h) Wenn Eike älter ist, möchte er in Klagenfurt wohnen. _____

The true/false statements are usually listed in the order you will hear the information. If you read the statements through first, this will help you to follow the tape. For example, if you get a bit lost and then hear something about Eike's journey to school, you will know that you have got as far as statement d).

5 *[H]* Konrad und Sybille diskutieren über das Leben in Hamburg. Schreib die Vorteile und Nachteile auf.

VORTEILE: _____

NACHTEILE: _____

Listen carefully to lift out key words and phrases for your answer, rather than having to re-write text. For example, for an advantage, you can just write: *immer was los!*

Sprechen

DIE UMGEBUNG

1 *[F]* Beantworte die Fragen.

1	Ahrensburg
2	↑N Hamburg
3	🎯
4	🌲 🏊 ≈
5	✓

1. Wo wohnst du?
2. Wo liegt das?
3. Wohnst du in der Stadtmitte?
4. Was gibt es dort für junge Leute?
5. Wohnst du gern dort?

Ask *Wie bitte?* if you haven't heard the question or if you want to stall for time!

2 *[F/H]* Du bist auf Urlaub. Beantworte die Fragen.

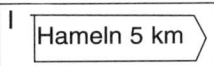

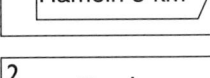

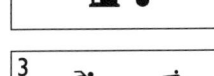

1	Hameln 5 km →
2	🏰
3	🏃 🚣 ⛷
4	🍴 🎬 💃
5	✓

1. Wo liegt die Stadt?
2. Was für Sehenswürdigkeiten gibt es?
3. Sind die Sportmöglichkeiten gut?
4. Was kann man abends machen?
5. Gefällt es dir dort? Warum?

Try to use adjectives to sound more interesting. For example, instead of just saying *Es gibt ein Schloss* you could say: *Es gibt ein altes/schönes/ interessantes Schloss.*

3 *[H]* Dein/e Brieffreund/in wohnt auf dem Land. Nächsten Monat zieht seine/ihre Familie in eine Großstadt. Dein/e Brieffreund/in hat keine Lust darauf! Versuche ihn/sie zu überzeugen, dass das Leben in einer Großstadt gut ist.

Here you have to persuade your penfriend. The chances are that he/she will be slow to be convinced. Think what he/she might say and work out how you would answer these:
Die Stadt ist immer so laut.
Ich habe viele Freunde hier im Dorf.
Ich gehe gern spazieren – auf dem Land ist das immer so schön.

■ Beantworte diese Fragen.

Wo wohnst du?

Wohnst du gern dort? Warum (nicht)?

Ist deine Gegend ländlich?

Wie langem wohnst du schon dort?

Was kann man in deiner Stadt/Gegend machen?

Würdest du lieber auf dem Land/in einer Großstadt wohnen? Warum?

Beschreib deine Lieblingsstadt.

Was sind die Vorteile/Nachteile, auf dem Land/in einer Stadt zu wohnen?

Wie könnte man deinen Wohnort verbessern?

■ Beschreib deinen Wohnort.

Ich wohne in ...

Das liegt in ...

Das Dorf/die Stadt hat ... Einwohner.

Ich wohne (nicht) gern hier, weil ...

Die Gegend ist ...

Am besten gefällt mir ...

Sehenswürdigkeiten?

Sportmöglichkeiten?

Junge Leute?

Einkaufen?

© Mary Glasgow Publications 1997

DIE UMGEBUNG

Lesen A

1 *[F]* Wo wohnen sie?

1 Ich wohne in einem Industriegebiet. ☐

2 Die Gegend ist sehr bergig. ☐

3 Die Umgebung ist sehr ländlich. ☐

4 Ich habe eine Wohnung an der Küste. ☐

5 Ich wohne neben dem Flughafen. ☐

a b
c d
e

Don't reach straight for the dictionary every time you see a tricky word. Statement 3 has two tricky words in it, so do the other statements first. You might then be able to avoid using the dictionary for statement 3, as there will be only one remaining answer.

2 *[F/H]* Lies den Text und kreuze *Richtig, Falsch* oder *Nicht im Text* an.

AXEL wohnt bei seinen Großeltern in einem alten und etwas ruinierten Bauernhof auf dem Land in Norddeutschland. Die Landschaft ist sehr flach, aber auch schön. Im nächsten Dorf gibt's nicht viel für junge Leute außer einer Kneipe.

DANIELA wohnt in einem industriellen Gebiet in der Nähe von Frankfurt. Sie wohnt dort mit ihrer Mutter und Schwester. Sie wohnt in einem Haus gegenüber von einem Reisebüro. Das ist sehr praktisch, weil ihre Mutter dort arbeitet. Die Gegend gefällt Daniela gut, obwohl die Luft oft verschmutzt ist.

In this activity, don't spend ages looking for the answers, because some of them aren't there (*nicht im Text*).

	Richtig	Falsch	Nicht im Text
a) Danielas Mutter arbeitet in Frankfurt.	☐	☐	☐
b) Viele Fabriken sind in der Nähe von Frankfurt.	☐	☐	☐
c) Daniela reist oft mit ihrer Mutter.	☐	☐	☐
d) Es gibt keine Kneipe in Axels Dorf.	☐	☐	☐
e) Es gibt viele Hügel in Norddeutschland.	☐	☐	☐
f) Axels Eltern sind gestorben.	☐	☐	☐
g) Axels Bauernhof ist nicht sehr modern.	☐	☐	☐

3 *[F/H]* Lies diese Touristenbroschüre für Interlaken und beantworte die Fragen auf Seite 51.

BERNER OBERLAND: ATTRAKTIV, KURZWEILIG, ERLEBNISREICH

DIE REICHE Vielfalt erleben, die eindrückliche Natur bewundern, erholsame Ruhe finden – kurz: Das Leben geniessen. Das alles bieten Sommerferien im Berner Oberland.
DAS BERNER OBERLAND, im Zentrum Europas und im Herzen der Schweiz gelegen, wird dann auch oft als »Spielplatz Europas« bezeichnet. Echte Gegensätze reichen sich in der einzigartigen Alpenregion die Hände. Tiefblaue Seen, sanftgrüne Hohenzüge die zum Wandern locken und eisbehangene Viertausender bilden die Kulisse für erlebnisreiche Ferien.
ERLEBNISREICH? Bergbahnen, eine Vielzahl von Luft-, Sessel- und Gondelbahnen, Autokurse und natürlich auch die Schiffe auf dem Thuner- und Brienzersee laden zu unvergesslichen Ausflügen ein. Während der ruhesuchende Naturbewunderer den Sinfonien unserer Wasserfälle lauscht, findet der aktive Gast ein breites Angebot an Sportmöglichkeiten.
Die vorzügliche Beherbergung findet man in Hotels, Ferienwohnungen, Pensionen, Jugendherbergen und Campingplätzen.

Don't panic when you start to read this extract from a real tourist brochure. The language is a bit over the top and the text is full of adjectives which make it look more difficult than it really is. Concentrate on the nouns (which start with a capital letter) and you'll find it easier to find your answers. The questions themselves aren't hard!

© Mary Glasgow Publications 1997

Lesen B

DIE UMGEBUNG

a) Wann ist es schön, Ferien im Berner Oberland zu machen? ....

b) Wo liegt das Berner Oberland? ....

c) Ist die Gegend flach? ....

d) Schreib drei mögliche Transportmittel im Berner Oberland auf. ....
....
....

e) Was für Unterkunftsmöglichkeiten gibt es in der Gegend? ....
....

4 *[H]* Lies den Brief und ergänze die Sätze unten.

Grindelwald, den 12. Juli

○ Lieber Martin,
ich wohne schon seit einem Monat hier — fast unglaublich! Die Zeit vergeht so schnell! Unser Haus ist noch sehr unordentlich, aber wir haben viel Spaß gehabt.
Grindelwald ist eine kleine Stadt in einem schönen Tal nicht weit von Interlaken. Wir sind von Bergen umgeben. Mein Lieblingsberg heißt der Eiger. Meiner Meinung nach ist er hoch und imponierend. Eines Tages werde ich zum Gipfel klettern!
Die Einwohner sind sehr sympathisch und wir haben schon viele neue Freunde. Abends gehen wir meistens ins Restaurant oder in die Kneipe.
○ Das ist immer sehr gemütlich. Es gibt auch ein Kino und eine Disco in Grindelwald. Es gibt einige nützliche Geschäfte im Dorf, wie zum Beispiel einen Supermarkt, aber es gibt auch viele Geschäfte mit Andenken und Skiausrüstungen. Die finde ich nicht langweilig. Wenn man Kleidung kaufen will, fährt man am besten nach Interlaken, glaube ich.
Das Wetter ist meistens sehr warm und sonnig, obwohl es spätnachmittags oft ein Gewitter gibt. Wir gehen oft in den Bergen wandern und das gefällt mir sehr gut, weil die Landschaft so schön ist und die Wanderwege gut beschildert sind.
Ich freue mich schon auf den Winter, weil Grindelwald ein richtiges
○ Skigebiet ist. Ich werde natürlich einen Skikurs machen müssen, weil ich Anfänger bin!
Schreib mir bald!
Deine Brieffreundin, **KAROLA**

---

a) Karola ist .... umgezogen.

b) Bis jetzt hat sie nicht genug Zeit gehabt, ...

c) Grindelwald liegt ....

d) Der Eiger ist ....

e) Karola hat .... kennengelernt.

f) Abends kann man in Grindelwald ....

g) Einkaufen in Grindelwald ist ....

h) Wenn man spätnachmittags eine Wanderung macht, sollte man .... einpacken.

i) Wanderungen in der Umgebung sind einfach, weil ....

j) Im Winter wird Karola zum ersten Mal ....

This is not a copying exercise. It won't always be possible to lift your answer straight from the text, so think carefully about how to complete the sentences. For example, in the text you read that Karola has lived seit einem Monat in Grindelwald. To complete statement a), you need to say when she moved: vor einem Monat.

DIE UMGEBUNG
Schreiben

1 [F] Was gibt es in deiner Gegend für junge Leute? Schreib die Liste weiter.

1. Park
2.
3.
4.
5.
6.
7.

Always make sure that your handwriting is neat enough to read.

2 [F] Schreib ein Touristenposter für deine Gegend.

Kommen Sie nach Guildford!
Die Hauptstadt von Surrey
Sehenswürdigkeiten: Dom, Schloss
Sportmöglichkeiten: Sportzentrum mit Schwimmbad, Eishalle, Kegelbahn
Sonstiges: Viele Geschäfte, Restaurants, Kino und Theater.
Gute Transportverbindungen nach London!

Always use any examples you are given. You can adapt the text to suit your own needs. For example:
Kommen Sie nach (your town)!
Sehenswürdigkeiten: Kirche, Museum

3 [F/H] Du bist auf Urlaub. Schreib eine Postkarte an deinen Brieffreund. Beschreib die Gegend. Sag was es in der Nähe vom Campingplatz gibt. Erzähl was du besucht/gemacht hast.

It is not necessary to write your address on a postcard. Start off with *Hallo!* and keep your sentences short and simple.

4 [H] Entweder Aufgabe A
Beantworte diesen Brief. Schreib 150 Wörter auf Deutsch.

> Ich freue mich sehr auf meinen Besuch im Juni. Kannst du mir in deinem nächsten Brief deine Gegend beschreiben? Zum Beispiel - Was gibt es für junge Leute? Ist die Gegend touristisch? Wo geht man am besten einkaufen?
> Schreib bald!
> Deine Brieffreundin, Saskia

Show off what you can do with your German. For higher level tasks, try to use some longer sentences, conjunctions, relative clauses and other interesting phrases:
Es gibt einen Jugendclub, der super ist, und auch ein Kino, das preiswert ist.
Wir kaufen keine Kleider im Stadtzentrum, weil das große Einkaufszentrum, das etwas außerhalb der Stadt liegt, praktischer ist.

Oder Aufgabe B
Schreib einen Text für diese Zeitschrift.
(150 Wörter)

Leserumfrage: *Wo wohnt ihr am liebsten?*
- In der Stadt oder auf dem Land? Oder ....?
- Warum?
- Was sind die Vorteile?

Schreibt uns sofort!

Vergesst nicht nächsten Monat diese Zeitschrift zu kaufen, damit ihr die Resultate unserer Leserumfrage lesen könnt.

© Mary Glasgow Publications 1997

Tapescript

DIE UMGEBUNG

1

Frau Wo wohnst du, Karl?
Karl Ich wohne in Ulzburg.
Frau Ulzburg? Wo liegt das?
Karl Das liegt in Norddeutschland, nördlich von Hamburg.

2

Anja Hallo! Ich heiße Anja und ich wohne in Adelboden in der Schweiz. Ich wohne sehr gern hier. Die Stadt und die Umgebung gefallen mir gut. In Adelboden haben wir ein tolles Freibad – das ist natürlich besonders schön im Sommer! Die Geschäfte sind auch gut und wir haben eine super Eishalle. Im Sommer gehe ich oft in die Berge, weil ich gern mit Freunden wandere. Im Winter fahre ich jedes Wochenende Ski. Toll!

3

Udo Hast du immer hier gewohnt, Bettina?
Bettina Ja, ich bin sogar hier geboren! Und, du?
Udo Nein, ich wohne erst seit zwei Jahren hier. Früher habe ich in einer Großstadt gewohnt. Das war besser als hier!
Bettina Wieso besser? Ich wohne sehr gern hier, weil ich das Dorf und die Umgebung so schön finde.
Udo Aber es ist immer so langweilig!
Bettina Es gibt nicht viel für junge Leute – das stimmt. Aber für mich ist das überhaupt kein Problem!

4

Eike Ich wohne in einem kleinen Dorf in Kärnten. Kärnten liegt in Südösterreich und mein Dorf, das Kötschach heißt, liegt in Südkärnten.
Ich wohne gern auf dem Land. Wir haben einen schönen Bauernhof, und die Landschaft ist fabelhaft.
Der einzige Nachteil ist die Schule. Meine Grundschule war hier im Dorf, aber jetzt muss ich leider zwei Stunden täglich mit dem Bus fahren, denn mein Gymnasium liegt in Villach. Das finde ich langweilig.
In meiner Freizeit mache ich oft Radtouren, besonders nach Italien und manchmal nach Slowenien. Das ist nicht so weit und macht mir Spaß! Ich mache auch oft Wanderungen in die Berge!
Meine Schulfreunde wohnen ziemlich weit von hier, aber ich treffe oft neue Leute, weil viele Touristen Kärnten besuchen, besonders im Sommer.
Ich werde nicht immer hier wohnen. Später möchte ich nach Klagenfurt ziehen. Das ist die Hauptstadt von Kärnten und ich hoffe, dort an der Uni studieren zu können.

5

Konrad Hamburg ist so schön, nicht? Hier ist immer 'was los!
Sybille Ja, das stimmt! Es gibt Kinos, Schwimmbäder, Konzerte, Cafés ... aber leider muss ich immer um zehn Uhr zu Hause sein. Vati meint, dass die Stadt gefährlich sein kann.
Konrad Vielleicht hat er recht.
Sybille Wenn man in einer Stadt wohnt, wohnen viele Freunde in der Nähe. Das finde ich toll!
Konrad Ich auch, obwohl die Stadt immer sehr laut ist, weil dort viele Leute unterwegs sind!
Sybille Ja, man muss sich an den Lärm gewöhnen.
Konrad Aber wenn man ein bisschen Ruhe haben will, sind die Transportverbindungen hier in Hamburg sehr gut. Man kann schnell aufs Land fahren.
Sybille Ich fahre immer gern aufs Land. In einer Stadt gibt's zu wenig Grünflächen, und die Luft ist so verschmutzt.
Konrad Fahren wir morgen aufs Land?
Sybille Gute Idee! Wir könnten ein Picknick machen.

DIE UMGEBUNG

Answers

HÖREN

1 a) Ulzburg, b) Norddeutschland

2 Anja wohnt <u>nicht gern</u> in Adelboden ...Es gibt ein schönes <u>Hallenbad</u>, ... und ein <u>Eiscafé</u> ... Im Sommer geht sie gern <u>angeln</u> ...

3 Udo: a, c   Bettina: b, d

4 a ✓ b ✓ c ✗ d ✗ e ✓ f ✗ g ✓ h ✓

5 Vorteile: immer was los, viele Freunde in der Nähe, gute Transportverbindungen
Nachteile: gefährlich, sehr laut, zu wenig Grünfläche, die Luft ist verschmutzt

SPRECHEN Example answers

1 1 Ich wohne in Ahrensburg.
2 Es liegt nördlich von Hamburg.
3 Nein, ich wohne in einem Vorort.
4 Es gibt einen Park, viele Tennisplätze und ein Hallenbad.
5 Ja, ich finde die Gegend sehr schön.

2 1 Es liegt fünf Kilometer von Hameln entfernt.
2 Es gibt ein altes Schloss und eine wunderschöne Kirche.
3 Ja, es gibt eine Eishalle, ein Freibad und ein großes Fußballstadion.
4 Man kann ins Restaurant oder ins Kino gehen. Für junge Leute gibt es auch ein tolles Jugendzentrum.
5 Ja, es ist fantastisch hier. Es ist immer was los, und das Wetter ist herrlich.

3 Sample statements
Ich wohne seit drei Jahren in einer Großstadt, und ich finde es einfach toll.
Es ist immer was los, und man langweilt sich nie.
Wenn du gern ins Kino gehst, hast du eine große Auswahl an Filmen.
Die Leute sind zwar etwas unfreundlich, aber an der Schule lernst du bestimmt viele nette Leute kennen.
Der Stadtpark ist besonders schön und ruhig.
Die Küste liegt nur zwanzig Kilometer entfernt.
Am Wochenende kann man mit dem Rad hinfahren – das finde ich immer echt super.
Das Leben in der Stadt ist sehr interessant.

LESEN

1 1b 2a 3c 4e 5d

2 Richtig: b, g   Falsch: a, d, e   Nicht im Text: c, f

3 a) im Sommer, b) Zentrum Europas/im Herzen der Schweiz, c) nein, d) Bergbahnen, Gondelbahnen, Autos, Schiffe (any 3), e) Hotels, Ferienwohnungen, Pensionen, Jugendherbergen und Campingplätze

4 a) vor einem Monat, b) das Haus aufzuräumen, c) in einem Tal nicht weit von Interlaken, d) ein Berg, e) neue Freunde, f) in die Kneipe oder ins Restaurant gehen, g) nicht besonders gut, h) eine Regenjacke, i) die Wanderwege gut beschildert sind, j) Ski fahren

SCHREIBEN Example answers

1 Jugendzentrum, Kino, Eiscafé, Schwimmbad, Schule, Eishalle

2 Kommen Sie nach Exeter! Die Hauptstadt von Westengland.
Sehenswürdigkeiten: Dom, Kirchen, alte Ruinen, schöne Häuser. Sportmöglichkeiten: Stadion, Tennisplätze, Schwimmbad mit Rutsche
Sonstiges: Einkaufszentrum, Fluss, Universität
Nur drei Stunden mit dem Inter-City nach London

3 Hallo Felix,
ich bin im Schwarzwald! Ich bin auf einem Campingplatz in einem kleinen Dorf. Die Landschaft ist sehr schön, und die Wälder sind wunderbar. Im Dorf gibt es nur einen kleinen Supermarkt, wo ich diese Postkarte gekauft habe! Gestern sind wir spazieren gegangen und morgen wollen wir ins Naturmuseum gehen. Es gefällt mir hier sehr gut, weil es so ruhig ist. Bis bald, ...

4B
Ich wohne in der Stadt, aber ich würde so gern auf dem Land wohnen. Wenn ich aufs Land fahre, fühle ich mich immer viel besser, und in der Stadt bin ich oft deprimiert. Ich mag kleine Dörfer, wo es nur ein paar Geschäfte gibt. Auf dem Land sind die Leute viel freundlicher als in der Stadt, und das Leben ist nicht so hektisch. Am allerliebsten möchte ich in einem alten Bauernhof auf dem Land wohnen. Im Moment wohne ich in einem hässlichen Wohnblock, der schmutzig und gefährlich ist. Wir haben einen Park direkt gegenüber, aber es sind immer so viele Leute dort. Auf dem Land hat man viel Platz für sich, man kann ruhige Spaziergänge machen, und die Luft ist frisch. Manche Leute meinen, dass das Landleben sehr langweilig ist, aber das finde ich nicht. Auf dem Land wohnen noch junge Leute, im Dorf ist oft ein Jugendzentrum und zu Hause kann man fernsehen, lesen und auf dem Computer spielen. Es ist immer was los in der Stadt, aber auf dem Land ist es immer was Schönes los.

Vokabular

DAS ESSEN

FRUIT

das Obst	fruit
der Apfel (¨)	apple
die Banane (n)	banana
die Orange (n)	orange
die Zitrone (n)	lemon
der Pfirsich (e)	peach
die Birne (n)	pear
die Erdbeere (n)	strawberry
die Himbeere (n)	raspberry
die Kirsche (n)	cherry
die Ananas (-)	pineapple
die Aprikose (n)	apricot
die Pampelmuse (n)	grapefruit
die Pflaume (n)	plum
die Traube (n)	grape
die Tomate (n)	tomato

VEGETABLES

das Gemüse (-)	vegetable
die Kartoffel (n)	potato
die Karotte (n)	carrot
der Blumenkohl (-köpfe)	cauliflower
die Bohne (n)	bean
die Zwiebel (n)	onion
der Pilz (e)	mushroom
die Erbse (n)	pea
die Gurke (n)	cucumber
der Knoblauch (-)	garlic
der Kohl (-köpfe)	cabbage
das Radieschen (-)	radish
der Spargel (-)	asparagus
der Salat (e)	lettuce
das Sauerkraut	pickled cabbage

DRINKS

das Getränk (e)	drink
die Milch	milk
der Kaffee	coffee
die heiße Schokolade	hot chocolate
der Tee	tea
die Cola (s)	cola
die Limonade (n)	lemonade
das Wasser	water
das Mineralwasser	mineral water
der Saft (¨e)	juice
der Wein (e)	wine
das Bier (e)	beer

BREAKFAST

das Brot (e)	bread
das Brötchen (-)	roll
der Toast	toast
die Butter (-)	butter
ein gekochtes Ei	boiled egg
das Rührei (er)	scrambled egg
das Spiegelei (er)	fried egg
der Keks (e)	biscuit
der Kuchen (-)	cake
die Margarine (n)	margarine
der Honig	honey
die Marmelade (n)	jam
das Müsli (s)	muesli
der Zucker	sugar

SAVOURY

das Fleisch	meat
die Wurst (¨e)	sausage
der Aufschnitt	cold meats
die Bockwurst (-würste)	large frankfurter
die Currywurst (-würste)	curried sausage
das Kotelett (s)	cutlet
die Leberwurst	liver sausage
der Eintopf (¨e)	stew
das Steak (s)	steak
die Gulaschsuppe (n)	goulash soup
der Schinken (-)	ham
das Schnitzel (-)	pork/veal cutlet
das Schweinefleisch	pork
das Rindfleisch	beef
das Hähnchen (-)	chicken
der Hamburger (-)	hamburger
der Käse	cheese
das Ei (er)	egg
das Omelett (s)	omelette
der Fisch (e)	fish
die Meeresfrüchte (pl)	seafood
der Knödel (-)	dumpling
die Nudel (n)	pasta
die Chips (pl)	crisps
die Pommes frites (pl)	chips
der Reis	rice
der Pfeffer	pepper
das Salz	salt
der Senf	mustard
die Soße (n)	sauce
die Suppe (n)	soup

© Mary Glasgow Publications 1997

Vokabular

DAS ESSEN

SWEETS

der Apfelstrudel (-)	apple strudel
das Eis (-)	ice cream
der Jogurt (s)	joghurt
der Käsekuchen (-)	cheesecake
das Kompott (e)	stewed fruit
der Pfannkuchen (-)	pancake
der Pudding (s)	blancmange
die Schlagsahne	cream
die Torte (n)	gateau

ADJECTIVES

köstlich/lecker	delicious/tasty
salzig	salty
sauer	sour
scharf	sharp, hot
süß	sweet
(un)gesund	(un)healthy

QUANTITIES

die Dose (n)	can, tin
die Flasche (n)	bottle
das Gramm, g	gramme
das Kilo, kg	kilo
der Liter, l	litre
das Packung (en)	packet

RESTAURANT

das Restaurant (s)	restaurant
Bedienung!	waiter/waitress!
die Speisekarte (n)	menu
das Menü (s)	set menu
die Weinkarte (n)	wine list
die Vorspeise (n)	starter
das Hauptgericht (e)	main course
der Nachtisch (e)	dessert
das Gericht (e)	dish
die Bedienung	service
die Rechnung (en)	bill
der Ruhetag (e)	day when closed
der Stammtisch (e)	usual table
das Trinkgeld (er)	tip

MEALS

das Frühstück	breakfast
das Mittagessen	lunch
das Abendessen/Abendbrot	supper

VERBS

reservieren	to reserve
bestellen	to order
bedienen	to serve
zahlen	to pay

PHRASES

Haben Sie einen Tisch für vier?	Have you got a table for four?
Haben Sie reserviert?	Have you booked?
Was darf's sein?	What would you like?
Was empfehlen Sie?	What do you recommend?
Einmal Kaffee mit Sahne, bitte.	One coffee with cream, please.
Ich hätte gern .../Ich möchte ...	I'd like ...
Nehmen Sie Kreditkarten?	Do you accept credit cards?
Zahlen, bitte.	Can I pay, please.
Zusammen oder getrennt?	Together or separately?

Wie heißt das auf Englisch?
a Ich bin allergisch gegen ...
b Ich habe Durst/Hunger.
c Bohnen schmecken mir (gar) nicht.
d Das hat sehr gut geschmeckt.
e Reichst du mir bitte das Salz?
f Raucher oder Nichtraucher?
g Möchtest du noch Kartoffeln?
h Wo ist die Toilette?
i Ich möchte mich beschweren.
j Es fehlt eine Gabel.

Mach Listen. Wie viele Wörter kennst du schon?
a Getränke
b Obstsorten
c Gemüsesorten
d Frühstück
e Nachspeisen
f Hauptgerichte
g Gegenstände auf dem Tisch

Die Antworten findest du in der Vokabelliste, oder frag deinen Lehrer/deine Lehrerin.

Hören

DAS ESSEN

1 *[F]* Gregors Mutter sagt, was er kaufen muss. Vervollständige seine Liste.

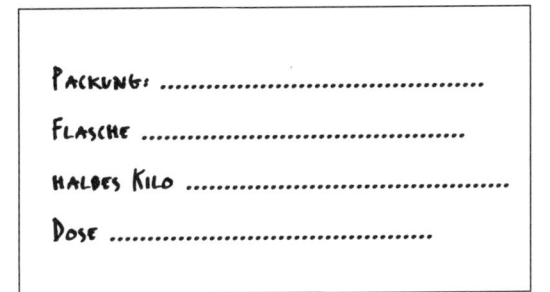

```
PACKUNG: .............................................
FLASCHE .............................................
HALBES KILO .......................................
DOSE ..................................................
```

Use your common sense to help you understand the recording. For example, when you listen out for the answer to *halbes Kilo*, you know that the item is unlikely to be *Bier* or *Salz* and more likely to be a fruit or vegetable.

2 *[F]* Sechs Leute essen im Restaurant. Was braucht jeder? Schreib die richtige Nummer neben jedes Bild.

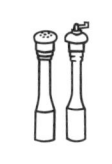

a _____   b _____   c _____

d _____   e _____   f _____

Listen carefully for the numbers 1–6 when you hear the recording as well as to the dialogue itself. If you don't remember which dialogue goes with which number, you won't be able to number the pictures correctly.

3 *[F/H]* Vier Schüler sprechen über das, was sie in der kleinen Pause essen. Füll die Tabelle aus.

Peter							
Lisa							
Olaf							
Uli							

When you're filling in a grid, concentrate on which line you are on. Don't throw away marks just by ticking the wrong box by mistake. Use a ruler or piece of paper to help you find the right gap, if you like.

4 *[H]* Hör dir die Anzeige für das Restaurant an. Beantworte die Fragen auf Deutsch.

a) Wann hat das Restaurant Ruhetag? _____

b) Wann ist der Musikabend? _____

c) Was gibt es freitags? _____

d) Was kann man die ganze Nacht durch am Samstag machen? _____

Read the question and think of key words you might need to answer the questions, before you listen to the tape. For example, in question a), you probably need to listen out for a day of the week; question b) needs a day or a time and questions c) and d) need an activity likely to happen in a restaurant.

© Mary Glasgow Publications 1997

DAS ESSEN

Sprechen

1 *[F]* Du bist im Lebensmittelgeschäft. Du willst drei Sachen kaufen.

1 **Gruß!**	3 **DM?**
2 **1? 2? 3?**	4 **Gruß!**

1 Guten Morgen.
2 Kann ich Ihnen helfen?
3 Zwanzig Mark dreißig.
4 Vielen Dank.

Always speak clearly and confidently in the exam. It doesn't matter if you don't say every word exactly right, but if you mumble, the examiner won't be able to understand anything you're trying to say.

2 *[F/H]* Du bist im Restaurant. Bestell das Essen für dich und deine Freundin.

1 **Gruß!**	4 **Rechnung?**
2 ☕☕	5 **WC?**
3 🍰	

1 Guten Tag.
2 Was darf's sein?
3 Sonst noch etwas?
4 Bitteschön.
5 Zusammen oder getrennt?
6 Gleich neben der Tür.

3 *[H]* Du gehst mit deiner Familie ins Restaurant. Such einen Tisch und bestell das Essen.

Wie viele Leute?
Wo möchtet ihr sitzen?
Was möchtet ihr essen?
Und zu trinken?
Die Rechnung?
Sonst noch etwas?

Tageskarte

Tagessuppe	DM 5,80
Hähnchen mit Kartoffelsalat	DM 14,00
Champignonomelett mit Pommes	DM 12,80
Bratwurst mit Salzkartoffeln	DM 10,80
Apfelstrudel mit Sahne	DM 8,-
Kaffee	DM 4,-
Saft und Limonade	DM 8,-

While you're preparing for the speaking exam before you go in, practise saying some of the sentences and words out loud. If you've already said them once out loud, you'll find it easier when you say them to the examiner.

■ Beantworte diese Fragen.

Was isst du gern?

Was trinkst du gern?

Wie findest du Schokolade?

Was bestellst du, wenn du im Restaurant isst?

Was kochst du gern?

Was isst du zum Frühstück?

Wie hat dir das Mittagessen gestern geschmeckt?

Was hast du gestern abend gegessen?

Beschreib dein typisches Essen an einem Samstag.

Isst du gesund? Findest du das wichtig?

■ Gestern bist du ins Restaurant gegangen. Es war eine Katastrophe: die Suppe war kalt, das Hauptgericht hat sehr lange gebraucht, die Nachspeise war schrecklich und die Rechnung war falsch. Beschreib den Abend.

Gestern abend bin ich ...

Wir haben ... bestellt.

Zuerst ...

Ich habe mit dem Kellner gesprochen ...

Dann mussten wir ...

Zur Nachspeise haben wir ... bestellt, aber ...

Der Manager hat ... aber nächstes Mal ...

© Mary Glasgow Publications 1997

Lesen A

DAS ESSEN

1 [F] Was passt zusammen?

1 der Apfel _____
2 das Brot _____
3 die Milch _____
4 die Zwiebel _____
5 das Ei _____
6 das Hähnchen _____
7 der Fisch _____
8 das Eis _____
9 der Kakao _____

If you make a mistake on the answer lines, just cross it out neatly, and put the correct answer beside it. Just make it clear which answer you want to give, as the examiner won't be able to give you marks if you've written two answers on the line.

2 [F] Essen diese Leute im »Restaurant Paprika«? Ja oder nein?

a) Ich bin Vegetarier. _____
b) Am Mittwoch gehe ich ins Restaurant. _____
c) Ich esse um fünf Uhr abends im Restaurant. _____
d) Am Wochenende höre ich Musik beim Essen. _____

Restaurant Paprika
Vegetarische Spezialitäten
Gruppen willkommen
ab 18.00 Uhr geöffnet
Live Musik am Samstagabend
Mittwochs Ruhetag

If you've got time at the end of the reading paper, go back over your answers one by one and check you haven't made any careless mistakes.

3 [F/H] Lies die Texte und beantworte die Fragen.

Markus
Am liebsten esse ich Hamburger mit Pommes und Ketchup. Ich trinke gern einen Milchshake oder eine Cola dazu. Ich weiß, dass es ungesund ist, aber es schmeckt so gut!

Heidi
Im Moment trainiere ich für die Fußballmannschaft, also esse ich Bananen und Orangen zum Frühstück. Während des Tages esse ich auch Äpfel und Birnen. Ich muss super fit werden!

Peter
Die erste Mahlzeit am Tag ist das Mittagessen. Ich stehe immer zu spät auf, um zu frühstücken. Aber zu Mittag esse ich viel: Fleisch, Kartoffeln, Salat und Nachspeise – lecker!

Always read every word in the questions. For example, in question c) the small word kein is very important. Don't just read Frühstück and imagine that the question is asking about somebody who eats breakfast. The word kein means you are in fact looking for somebody who doesn't eat breakfast.

a) Wer isst viel Obst? _____
b) Wer isst gern Fast-Food? _____
c) Wer isst kein Frühstück? _____
d) Wer isst sehr gesund? _____

© Mary Glasgow Publications 1997

59

DAS ESSEN — Lesen B

4 *[H]* Lies den Text und füll die Lücken aus.

Katastrophe bei der Neueröffnung

Das neue Restaurant »Athenika« in der Hauptstraße macht nach nur einem Tag zu.

»Das ist eine echte Tragödie«, erklärt Willi Jung (47), der Manager des Restaurants. »Wie geplant, haben wir gestern abend aufgemacht. Um acht Uhr war das Restaurant schon voll, und die Stimmung war sehr schön. Es gab griechische Musik, Tänzer...«

Willi Jung wohnt erst seit sechs Monaten in Deutschland. Vorher hatte er ein Restaurant in Griechenland und er entschloss sich, griechisches Essen nach Deutschland zu bringen. Also eröffnete er das erste griechische Restaurant mit Platz für vierzig Gäste in der Stadt Neuberg.

In der Küche hinten arbeitet eine junge Köchin, und Willi Jung und seine Frau servieren das Essen im Speisesaal.

Um halb zehn gestern abend sind Willis Träume jedoch zerstört worden. Fünfzig Minuten zuvor wollten vier Gäste an einem Tisch Lammfleisch mit Bratkartoffeln. Willi war inzwischen mit den anderen Kunden sehr beschäftigt. Die vier Gäste hatten inzwischen vier Flaschen Rotwein getrunken. Plötzlich stand einer der hungrigen Gäste vom Tisch auf, und fragte laut nach dem Manager.

Natürlich wollte er jetzt das Essen auf dem Tisch haben. Willi ging sofort hinüber, um den Mann zu beruhigen. Aber der Mann wurde immer wütender. Er schrie, und wurde immer lauter. Willi konnte ihn gar nicht beruhigen. Der Mann beklagte sich über das Restaurant, die Bedienung, die Speisekarte und sogar den Wein. Dann nahm er eine der leeren Flaschen vom Tisch und warf sie zu Boden. Die anderen am Tisch waren genauso unmöglich, und fingen dann auch an, Teller, Gläser und Besteck auf den Boden zu werfen.

Die Gäste im Restaurant erschraken, und verliessen so schnell wie möglich das Restaurant. Willis Frau rief dann die Polizei, aber als nach zwanzig Minuten endlich zwei Polizisten kamen, gab es nur zerbrochene Tische, Stühle und Flaschen im Restaurant.

Die vier betrunkenen Gäste waren nirgendwo zu sehen. Willis Traum war total zerstört. ■

If you've got a long text to read and you don't know all of the words, just look up 5 of the ones you think are most important and note the English meaning beside them on the page. That way you won't forget their meaning as you answer the questions.

---

a) Willi Jung ist .... des Restaurants.

b) »Restaurant Athenika« ist ein .... Restaurant.

c) Die Köchin arbeitet ....

d) Vier Gäste haben .... bestellt.

e) Sie haben .... getrunken.

f) Willi versuchte ....

g) Der Mann warf .... zum Boden.

h) Die anderen Gäste am Tisch ....

i) Frau Jung ....

j) Am Ende war das Restaurant ....

Schreiben

DAS ESSEN

1 *[F]* Du gehst einkaufen, und musst Lebensmittel für das Frühstück kaufen. Schreib deine Einkaufsliste (6 Wörter).

1. Brot
2.
3.
4.
5.
6.
7.

Use your imagination when you've got to write a list. If you can't remember traditional breakfast items like jam, honey and milk, then choose words like apple, yogurt or milkshake – they are all possible breakfast foods, so you'd get a mark for them.

2 *[F]* Morgen kochst du das Abendessen für sechs Freunde. Was kochst du? Schreib das Menü auf.

MENÜ

Vorspeise:

Hauptgericht:

Nachtisch:

3 *[F/H]* Am Wochenende hast du ein Ess- und Trink-Tagebuch geschrieben. Was hast du gegessen? Was hast du getrunken, und wann? Wie hat es geschmeckt? Mach Notizen darüber. (50 Wörter)

Samstag: Zum Frühstück habe ich Toast mit Marmelade gegessen. Ich habe eine Tasse Tee getrunken. Um elf Uhr habe ich ... Das war lecker.

Remember to answer each part of the question. Here you need to give your opinion: *Wie hat es geschmeckt?* So, think of different ways to say that you liked or disliked something.

4 *[H]* Gestern abend bist du mit deiner Familie in dieses Restaurant gegangen. Leider war der Abend eine Katastrophe: alles ist schief gegangen. Schreib einen Brief an den Manager, und erklär die Probleme.
Schreib 150 Wörter auf Deutsch.

Restaurant Seeblick
••••••••••
täglich Küche ab 19.00 Uhr
Fischspezialitäten,
gemütliche Stimmung,
Live-Musik
Reservierung nötig: 65 21 93
Wir freuen uns, Sie bedienen zu dürfen!
Manager: Herr Klein

When you are writing a formal letter, use the *Sie* form. Put your address and the date at the top of the letter. Start your letter: *Sehr geehrter Herr X,* (or) *Sehr geehrte Frau X,*

Use any information you are given, to help you write your letter. Here you are given the name of the manager; *Restaurant Seeblick* tells you that the restaurant is near a lake or the sea; they specialise in fish dishes and they have live music. These can be some of the things that you want to complain about.

© Mary Glasgow Publications 1997   **61**

DAS ESSEN — Tapescript

1

Frau — Also, Gregor. Kauf bitte folgendes: eine Packung Kekse, eine Flasche Mineralwasser, ein halbes Kilo Trauben und was noch? Ach, ja. Kauf dir eine Dose Cola.

2

1
Kellner — Guten Tag, was darf's sein?
Frau — Eine Tasse Tee, bitte.

2
Kellnerin — Guten Tag. Möchten Sie noch einen Nachtisch?
Junge — Ja, ich hätte gern den Käseteller.

3
Kellner — Kann ich Ihnen helfen?
Frau — Ja, ich möchte ein Stück Kuchen, bitte.

4
Mann — Entschuldigen Sie. Ich hätte gern noch Salz und Pfeffer.
Kellnerin — Ja, natürlich. Ich bringe es sofort.

5
Kellner — Was darf's sein?
Mädchen — Eine Portion Pommes, bitte.

6
Kellnerin — Und zum Nachtisch?
Mann — Ich nehme die frischen Erdbeeren, bitte.

3

Frau — Peter, was isst du normalerweise in der kleinen Pause?
Peter — Ja, das hängt davon ab, wieviel ich gefrühstückt habe! Aber meistens esse ich ein Brötchen mit Käse oder Schinken.
Frau — Und zum Trinken?
Peter — Vielleicht eine Cola.

Frau — Lisa. Isst du viel in der kleinen Pause?
Lisa — Nein, normalerweise habe ich wenig Zeit, weil ich immer meine Hausaufgaben fertigschreibe! Heute zum Beispiel esse ich nur Obst. Aber ich trinke wenigstens immer 'was — wenn ich in der kleinen Pause keinen Kaffee kriege, schlafe ich in der nächsten Stunde ein!

Frau — Olaf, was isst du in der kleinen Pause?
Olaf — Viel! Vormittags habe ich immer riesigen Hunger. Besonders wenn die Stunden ein bisschen langweilig waren. Ich esse eine Wurst mit Brötchen und ein Eis.
Frau — Und trinkst du auch 'was?
Olaf — Ja, ich trinke meistens Cola.

Frau — Uli, was machst du in der kleinen Pause?
Uli — Ich gehe und kaufe mir ein großes Stück Pizza.
Frau — Pizza? Kann man in der Schule denn Pizza kaufen?
Uli — Nein, es gibt aber eine gute Pizzeria um die Ecke. Manchmal kaufe ich auch ein Eis und eine große Cola.

4

Mann — Das Restaurant »Unterhaltung« ist jetzt geöffnet! Jeden Tag außer Montag können Sie leckeres Essen bei Kerzenlicht genießen. Wenn Sie gern Musik hören, sollten Sie sofort einen Tisch für unseren Musikabend reservieren – jeden Donnerstag ab zwanzig Uhr. Für Kino-Fans gibt es freitags immer einen Film beim Abendessen. Genießen Sie »die Action« bei Schweinekotelett, oder Romantik bei Schokoladeneis mit Sahne. Samstags ist der Höhepunkt der Woche – eine Disco mit Abendbüffett. Bei uns können Sie die ganze Nacht durch tanzen, essen und trinken!

Answers

DAS ESSEN

HÖREN

1. Packung Kekse, Flasche Mineralwasser, halbes Kilo Trauben, Dose Cola

2. 1e 2d 3b 4f 5a 6c

4. a) Montag, b) Donnerstag (ab 20 Uhr), c) Film, d) tanzen, essen, trinken

3.

	🥤	🍔	🍦	🍫	🍕	🍲	🍎
Peter	✓	✓					
Lisa						✓	✓
Olaf	✓		✓	✓			
Uli	✓		✓		✓		

SPRECHEN Example answers

1.
   1 Guten Morgen.
   2 Ja, ich möchte eine Packung Kekse, drei Äpfel und eine Dose Limonade, bitte.
   3 Was kostet das?
   4 Danke sehr. Auf Wiedersehen.

2.
   1 Guten Tag.
   2 Zweimal Kaffee, bitte.
   3 Ja, ich hätte gern zwei Stück Kuchen.
   4 Zahlen, bitte.
   5 Zusammen.
   6 Entschuldigen Sie. Wo ist die Toilette, bitte?

3. Sample statements
   Guten Tag. Haben Sie einen Tisch für vier Personen?
   Wir hätten gern einen Tisch beim Fenster. Und Nichtraucher, wenn möglich.
   Ich hätte gern ...
   Mein Vater hätte gern ...
   Was empfehlen Sie?
   Bringen Sie mir bitte die Getränkeliste?
   Haben Sie etwas für Vegetarier?
   Entschuldigen Sie, aber diese Suppe ist kalt.
   Könnten Sie uns bitte noch ein Glas bringen?
   Zahlen, bitte!
   Nehmen Sie Kreditkarten?

LESEN

1. 1f 2i 3a 4e 5c 6b 7h 8d 9g

2. a) Ja, b) Nein, c) Nein, d) Ja

3. a) Heidi, b) Markus, c) Peter, d) Heidi

4. a) Manager, b) griechisches, c) in der Küche, d) Lammfleisch mit Bratkartoffeln, e) 4 Flaschen Rotwein, f) den Mann zu beruhigen, g) eine leere Flasche, h) warfen Teller, Gläser und Besteck auf den Boden, i) rief die Polizei, j) total zerstört

SCHREIBEN Example answers

1. Marmelade, Milch, Butter, Äpfel, Wurst, Käse

2. Vorspeise: Tomatensuppe mit Brötchen
   Hauptgericht: gebratenes Rindfleisch mit Bohnen und Kartoffeln
   Nachtisch: Erdbeereis mit Sahne

3. Samstag: Zum Mittagessen hat meine Mutter Omelett gemacht und zum Nachtisch gab es Apfelmus mit Pfannkuchen. Zum Abendessen habe ich Käsebrot mit Salat gegessen. Sehr gesund!
   Sonntag: Heute habe ich nicht gefrühstückt. Um zwölf Uhr habe ich aber einen großen Hamburger mit Pommes gegessen. Das war köstlich. Dazu habe ich eine Limonade getrunken. Am Nachmittag haben wir Kaffee und Kuchen bei meinen Großeltern gehabt. Lecker!

4.
Bonn, 13. Juni 1997

Sehr geehrter Herr Klein,
gestern abend bin ich mit meiner Familie in Ihr Restaurant gegangen. Es war der 16. Geburtstag meiner Schwester und wir wollten das natürlich feiern. Wir hatten einen Tisch mit Seeblick reserviert. Leider waren die Tische am Fenster schon voll, und wir mussten hinter einer großen Pflanze in der Ecke sitzen. Wir haben Ihre berühmten Fischspezialitäten bestellt. Leider hat es lange gedauert, bevor das Essen gekommen ist. Die Kellnerin war sehr unfreundlich und hat uns nicht einmal unsere Getränke gebracht. Als das Essen endlich gekommen ist, mussten wir uns nochmal beschweren: das Gemüse war vollkommen kalt. Ihre Fischspezialitäten haben gar nicht gut geschmeckt. Ich habe Forelle bestellt, und die war zu salzig. Nach dem Hauptgericht wollten wir bezahlen, aber die Kellnerin hat uns die falsche Rechnung gegeben. Heute liegt meine Schwester im Bett – sie hat Lebensmittelvergiftung von Ihrem Fisch bekommen.
Ihr enttäuschter Gast, ...

© Mary Glasgow Publications 1997

DIE GESUNDHEIT — Vokabular

THE BODY

der Körper (-)	body
das Herz (en)	heart
die Brust (¨e)	breast, chest
der Bauch (¨e)	belly
der Magen (-)	stomach
der Rücken (-)	back
der Hintern (-)/der Po (s)	bottom
das Bein (e)	leg
das Knie (-)	knee
der Knöchel (-)	ankle
der Fuß (¨e)	foot
die Zehe (n)	toe
der Arm (e)	arm
die Schulter (n)	shoulder
der Ellenbogen (-)	elbow
die Hand (¨e)	hand
der Finger (-)	finger
der Fingernagel (¨)	fingernail
der Daumen (-)	thumb
der Kopf (¨e)	head
das Gesicht (er)	face
das Auge (n)	eye
die Nase (n)	nose
das Ohr (en)	ear
der Hals (¨e)	throat
der Mund (¨er)	mouth
die Zunge (n)	tongue
der Zahn (¨e)	tooth

DOCTOR'S

der Arzt (¨e)/die Ärztin (nen)	doctor
die Sprechstunde (n)	surgery hours
die Krankheit (en)	illness
der Schmerz (en)	pain
der Schnupfen	cold
die Erkältung (en)	chill, cold
die Grippe (n)	flu
die Allergie (n)	allergy
das Asthma	asthma
der Ausschlag (-schläge)	rash
der Durchfall	diarrhoea
der Heuschnupfen	hay fever
der Insektenstich (e)	insect bite
die Masern (pl)	measles
der Pickel (-)	spot
Verstopfung	constipation

ADJECTIVES

krank	ill
müde	tired
bewusstlos, ohnmächtig	unconscious
blass	pale
erschöpft	exhausted
schwanger	pregnant
schwindlig	dizzy
tot	dead
verbrannt	burnt
(schwer) verletzt	(badly) injured
allergisch (gegen)	allergic to
geschwollen	swollen
schmerzhaft	painful
seekrank	seasick

VERBS

weh tun	to hurt
weinen	to cry
heilen	to cure
untersuchen	to examine
pflegen	to look after
sich erholen	to recover
retten	to rescue
husten	to cough
niesen	to sneeze
sich übergeben	to vomit
schwitzen	to sweat
bluten	to bleed
töten	to kill
sterben	to die
ertrinken	to drown
überfahren	to run over

ACCIDENTS

der Notfall (-fälle)	emergency
den Notruf wählen	to dial 999
der Krankenwagen (-)	ambulance
das Krankenhaus (-häuser)	hospital
die Feuerwehr (en)	fire brigade
der Feuerwehrwagen (-)	fire engine
die Polizei	police
der Unfall (-fälle)	accident
der Zusammenstoß (-stöße)	crash
die Wunde (n)	wound
die Schnittwunde (n)	cut
erste Hilfe	first aid

© Mary Glasgow Publications 1997

Vokabular

DIE GESUNDHEIT

die Operation (en)	operation
die Spritze (n)	injection
die Narbe (n)	scar
das Blut	blood
der Gips	plaster cast
blauer Fleck	bruise
der Optiker (-)	optician
Feuer!	fire!
Hilfe!	help!
Vorsicht!	careful!

CHEMIST'S

die Apotheke (n)	chemist
die Drogerie (n)	chemist
das Rezept (e)	prescription
das Thermometer (-)	thermometer
die Medizin	medicine
die Pille (n)	pill
die Pastille (n)	pastille
die Tropfen (pl)	drops
die Tablette (n)	tablet
das Aspirin	aspirin

das Halsbonbon (s)	throat sweet
das Pflaster (-)	plaster
die Sonnencreme (s)	suncream
der Verband (¨e)	bandage
die Watte (n)	cotton wool
die Damenbinde (n)	sanitary towel
der Tampon (s)	tampon
das Kondom (e)	condom
die Seife (n)	soap
die Zahnbürste (n)	toothbrush
die Zahnpasta	toothpaste

EXTRA

die Haut (¨e)	skin
die Lebensmittelvergiftung	food poisoning
die Seitenstiche (pl)	side stitch
der Sonnenstich	sunstroke
atemlos	breathless
die Krankenkasse (n)	medical insurance
die Antibiotika (pl)	antibiotics
die Impfung (en)	vaccination
das Mittel gegen	remedy against

PHRASES

Gute Besserung!	Get well soon!
Ich habe Magenschmerzen/Kopfschmerzen.	I've got a stomachache/headache.
Mir ist schlecht.	I feel ill.
Mir ist kalt/heiß.	I'm cold/hot.
Ich habe Hunger.	I'm hungry.
Ich habe Durst.	I'm thirsty.
Ich habe Fieber.	I've got a temperature.
Zu viele junge Leute machen eine Diät.	Too many young people are on a diet.
Wie geht's?	How are you?
Wo tut es weh?	Where does it hurt?
Mein Fuß tut weh.	My foot hurts.

Was passt zusammen?

a My legs hurt.
b I've broken my leg.
c I've cut my finger.
d I've sprained my ankle.
e How long have you had this pain for?
f Can I see the doctor?
g Can I make an appointment?
h My leg hurts.
i By arrangement.
j Can you give me something for it?
k Six people died.

1 Können Sie mir etwas dafür geben?
2 Mein Bein tut weh.
3 Sechs Leute sind verunglückt/ums Leben gekommen.
4 Kann ich bitte einen Termin vereinbaren?
5 Nach Vereinbarung.
6 Ich habe mir den Fuß verstaucht.
7 Seit wann haben Sie diese Schmerzen?
8 Kann ich bitte den Arzt sehen?
9 Ich habe mir das Bein gebrochen.
10 Ich habe mir in den Finger geschnitten.
11 Meine Beine tun weh.

© Mary Glasgow Publications 1997

DIE GESUNDHEIT — # Hören

1 *[F]* Sechs Leute sind beim Arzt. Schreib die richtige Nummer neben jedes Bild.

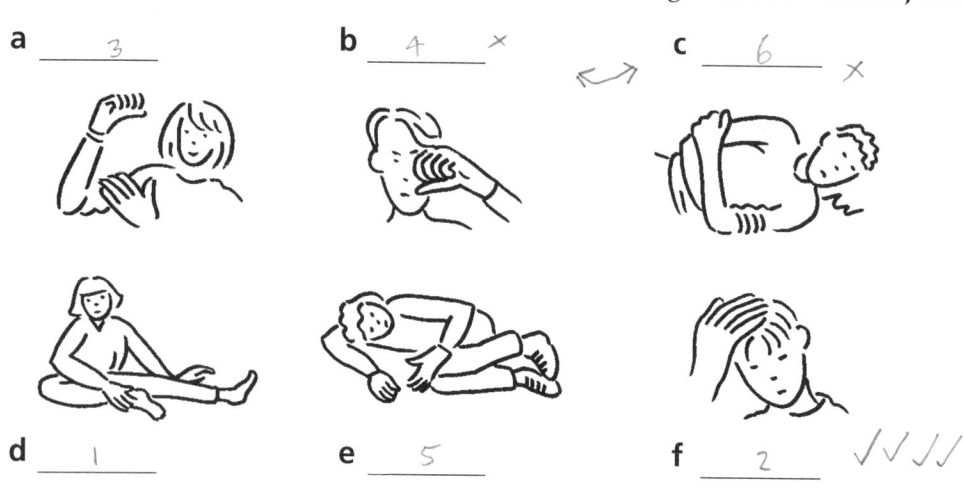

a ___3___   b ___4___ ✗   c ___6___ ✗

d ___1___   e ___5___   f ___2___ ✓✓✓✓

For this sort of activity, it might be easier to write the numbers 1–6 on the exam paper, or on scrap paper, then note beside each number the part of the body you hear. For example: 1. *Fuß* or foot. After the first listening, you can quickly transfer the numbers to the correct pictures a–f. On the second listening, you can then just check your answers.

2 *[F]* Drei Leute rufen beim Arzt an. Schreib die Termine auf.

Herr Fein
Ralf Bach
Frau Drill

Mo. (heute) Drill – 6   Do. Ralf – his mum
Di. Fein – 11hr   Fr. Herr Geist 15.30
Mi.   Sa.

You won't usually have to understand every word on the recording to do the task. Here, for example you only need to listen out for times and days. The illnesses mentioned are irrelevant to your answer.

3 *[F/H]* Anna geht in die Apotheke. Sie kauft vier Sachen. Kreuze sie an.

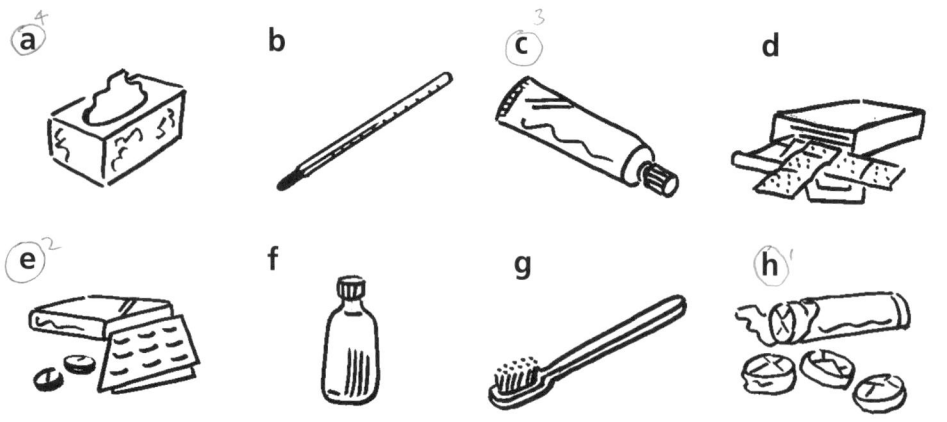

(a)⁴   b   (c)³   d

(e)²   f   g   (h)¹

If you are only asked to tick four items (*vier Sachen*), don't tick any more than that.

4 *[H]* Ruth beschreibt einen Unfall. Beantworte die Fragen auf Englisch.

a) What sort of an accident is Ruth talking about? ___Bicycle accident___
b) What was she wearing (two things)? _____
c) Who was she going to visit? _____
d) What was the weather like? _____
e) Describe the accident. ___a car hit her___
f) What did the driver do? _____
g) What injuries does Ruth have? ___cut head___

Generally, if the questions are in English, you should answer them in English. If the questions are in German, answer them in German.

© Mary Glasgow Publications 1997

Sprechen

DIE GESUNDHEIT

1 *[F]* Du bist in der Apotheke. Beantworte die Fragen.

1. **Gruß!**
2. (tube and tablets)
3. **DM?**
4. **Gruß!**

1. Guten Morgen.
2. Kann ich Ihnen helfen?
3. Vierzig Mark.
4. Vielen Dank.

If you've got a role play in a shop, restaurant, at the station, etc. use the Sie form of address when speaking to the examiner. You will normally be expected to give a greeting and a farewell so make sure you have prepared some, such as: Guten Tag. Guten Morgen. Auf Wiedersehen. Vielen Dank, Herr Doktor. Schönes Wochenende.

2 *[F/H]* Du bist beim Arzt. Beantworte die Fragen.

1. **Gruß!**
2. (leg)
3. **2 Tage**
4. **?**
5. **Gruß!**

1. Guten Morgen.
2. Wo tut es Ihnen weh?
3. Wie lange tut es schon weh?
4. Es sieht schmerzhaft aus.
5. Sie sollten ins Krankenhaus gehen.
6. Bitte sehr.

3 *[H]* Du bist in Österreich, und fühlst dich nicht wohl. Ruf beim Arzt an, und erklär dein Problem.

Name?
Problem?
Termin?

FRAU DOKTOR GREISEL UND
DOKTOR MED. GEORG THOMAS
Praxis am Donau
Mo.-Fr. 08.00–10.00 und 15.00–17.00
Telefonnummer 56 12 98
Fax 65 23 67

*When you are making a phone call, give your name at the start: Hallo, hier spricht X.
To ask for someone, ask; Kann ich bitte mit X sprechen?
To leave a message, ask; Kann ich bitte eine Nachricht hinterlassen?
To end the call, say: Auf Wiederhören.*

■ Beantworte diese Fragen.

Wie fühlst du dich heute?

Bist du oft krank?

Was machst du, wenn du krank bist?

Wie fit bist du?

Welche Krankheiten hast du gehabt?

Möchtest du im Krankenhaus arbeiten?

Warst du schon mal im Krankenhaus? Wie war es dort?

Was machst du, um dich fit zu halten?

Wie kann man kranken Leuten helfen?

Was macht man, wenn man einen Unfall hat?

■ Letzte Woche warst du auf Skiurlaub, aber du warst die ganze Zeit krank. Erklär, was dir passiert ist.

Letzte Woche ...

Das Wetter war ...

Am ersten Tag habe ich ...

Ich bin zur Apotheke gegangen und ...

Dann am nächsten Tag ...

Ich musste sofort zum Arzt und ...

Es war ...

Ich war ... und musste ...

Endlich bin ich wieder ...

© Mary Glasgow Publications 1997

DIE GESUNDHEIT

Lesen A

1 *[F]* Sieh dir die Schilder an. Wo sollten diese Leute hingehen?

a) Bettina hat Ohrenschmerzen. _____

b) Marko (8 Jahre) hat Schmerzen. _____

c) Gerhard hat Zahnschmerzen. _____

d) Tinas Hund ist krank. _____

1
Dr. med. L.K. Heim
Zahnarzt

2
Regine Jonas
Kinderärztin
Sprechzeiten:
Mo.-Fr. 09.30-12.00

3
Dr. med. T. Preis
Hals- Nasen- Ohrenarzt
Mo.-Fr. 08.00-12.00
Tel 87 301

4
Walddorf-
Klinik
Für alle Tiere:
groß und klein

If you don't understand all the long words, look closely at them and break them down. Here you've got Zahnschmerzen in question c) and Zahnarzt in sign 1. They probably go together. Can you find another word that looks like Ohrenschmerzen from question a)?

2 *[F/H]* Lies den Artikel und schreib die richtigen Namen unten auf.

Welche Essgewohnheiten hast du?

LARS
Ich bin 17 Jahre alt und wohne in einer Wohngemeinschaft. Wir wohnen hier zu sechst – drei Mädchen und drei Jungen – und abends essen wir immer gemeinsam. Wir essen meistens vegetarisch, weil es billig und gesund ist. Wir wechseln uns ab beim Kochen, und meistens schmeckt das Essen gut. Ab und zu gibt es aber Probleme, wenn z.B. etwas furchtbar schmeckt, etwas anbrennt, oder es nicht genug davon gibt.

JANITA
Ich wohne in einer Wohnung in der Stadtmitte von Frankfurt. Am liebsten esse ich bei McDonald's oder an der Imbissstube, aber meine Eltern erlauben das nicht oft. Ich frühstücke alleine, weil meine Eltern sehr früh zur Arbeit gehen. Zu Mittag esse ich was Kaltes, und am Abend essen wir zusammen. Mein Vater kocht gern Fleisch mit Pommes, und meine Mutter macht leckeren Nachtisch. Ich kann gar nicht kochen!

OLAF
Ich wohne bei meiner Familie auf dem Land. Wir haben einen großen Garten, und dort wächst viel Gemüse und Obst, z.B Kartoffeln, Karotten, Kohl, Äpfel und Erdbeeren. Das Essen bei uns ist immer frisch. Meistens kochen meine Eltern, und ab und zu darf ich die Nachspeise vorbereiten – das ist meistens nur Pudding aus dem Päckchen!

When you've got three separate pieces of text like here, go through them one-by-one, eliminating the questions underneath as you do so. Once you've done each speaker, see which questions you still need to do and then skim through the three texts to find the answer.

Wer ...

a) hat einen großen Garten? _____

b) kann nicht kochen? _____

c) isst vegetarisch? _____

d) muss sehr früh zur Arbeit? _____

e) isst gern Fast-Food? _____

f) isst billig und gesund? _____

g) isst viel frisches Gemüse? _____

LARS
OLAF
JANITA
JANITAS ELTERN

© Mary Glasgow Publications 1997

Lesen B

DIE GESUNDHEIT

3 *[H]* Lies den Text und beantworte die Fragen auf Englisch.

Ich wollte nicht dünn sein!

Leserbrief

Hallo. Mein Name ist Xavier Feuerbach und ich bin sechzehn Jahre alt. Seit sechs Monaten bin ich hier im Münchner Krankenhaus. Warum? Weil ich total mager geworden bin. Vor sechs Monaten wog ich nur dreißig Kilo – jetzt werde ich langsamer dicker, aber ich bin immer noch zu dünn.

Angefangen hat alles in der neunten Klasse. Ich war immer sehr fleißig in der Schule und ich bekam oft gute Noten. Leider hatte ich aber keine guten Freunde. Ich litt an einer Hautkrankheit, und hatte viele Pickel. Meine Mitschüler haben mich meistens ausgelacht – ich war immer sehr schüchtern und habe nichts dagegen gemacht. Damals war ich weder dick noch dünn. Ich war halt normal. Aber langsam habe ich dann abgenommen.

Zuerst habe ich es gar nicht gemerkt. Vielleicht habe ich doch immer weniger gegessen, aber ich merkte es nicht. Meine Kleider passten mir zwar nicht so gut, aber ich machte nichts dagegen. Meine Mutter hat auch nichts gemerkt, aber sie war kaum zu Hause, weil sie dauernd auf Geschäftsreisen war. Ich glaube, dass ich sehr deprimiert wurde. Ich war nicht krank, aber ich hatte schon eine Art Krankheit – eine psychologische Krankheit.

Erst als ich morgens kaum aus der Kiste kriechen konnte, merkte meine Mutter was. Dann hat sie versucht, leckeres Essen und viele Süßigkeiten für mich zu kaufen. Das half aber nicht. Ich war schon zu schwach geworden. In der Schule bekam ich nun schlechte Noten. Eines Tages bin ich einfach zusammengekracht. Es war in der Biologiestunde. Die Lehrerin hat mich sofort ins Krankenhaus gebracht, und dort bin ich jetzt noch.

Ich fühle mich aber jetzt viel besser. Ich nehme langsam zu. Morgens lerne ich mit einem Privatlehrer, und der Arzt hat auch gesagt, dass ich bald nach Hause gehen kann.

Ich will wieder fit werden und ich hoffe, dass ich in der Schule eine zweite Chance bekomme.

> Don't translate reading texts word for word to try and find the answers to the English questions. Just read the text through and then write clear answers in English – you don't have to write full sentences.

a) Name two problems that Xavier had while at school.

b) What effect did the problems at school have on Xavier?

c) Was his mother supportive at first? Give reasons.

d) What sort of an illness did Xavier have?

e) What happened to Xavier just before he went to hospital?

f) What is the result of his being in hospital? (2 things)

g) What is Xavier's hope for the future?

© Mary Glasgow Publications 1997

DIE GESUNDHEIT

Schreiben

1 *[F]* Beschrifte dieses Bild.

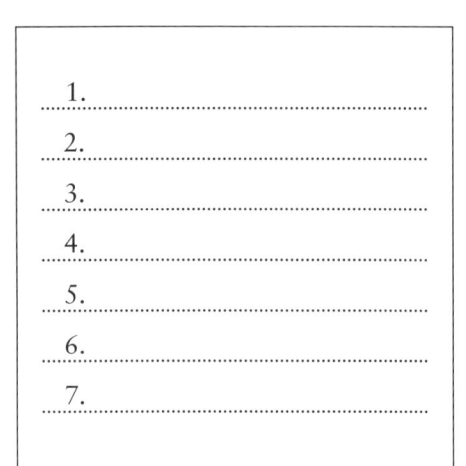

1. ....
2. ....
3. ....
4. ....
5. ....
6. ....
7. ....

You might know the vocabulary from a phrase you have learned. For example you might remember that *Ich habe Kopfschmerzen* means 'I've got a headache'. So don't forget that *Kopf* on its own means 'head'.

2 *[F/H]* Dein bester Freund/deine beste Freundin hat sich neulich das Bein gebrochen. Schreib eine Karte, um ihm/ihr gute Besserung zu wünschen. Schreib nicht mehr als 40 Wörter.

As well as writing statements, you can also ask questions in a writing task. Here you could ask *Was machst du zu Hause? Findest du es langweilig? Wann kommst du wieder in die Schule?*

3 *[H]* Entweder Aufgabe A
Was ist ein gesundes Leben?
Schreib einen Artikel, und erklär, was man machen muss, um fit und gesund zu sein.
Schreib 150 Wörter auf Deutsch.

Essen
Gefahren
Lebensstil
Trinken
Krankheiten
Sport

Make sure you've got a good stock of adjectives to use before you go into the exam to make your writing more interesting: *schön, interessant, toll, super, fantastisch, elegant, klasse, spitze, aufregend, ausgezeichnet*

groß, klein, winzig, alt, jung, modisch, hoch

langweilig, mies, fad, miserabel, schlecht, langsam, grausam, hässlich

Oder Aufgabe B
Du warst gerade mit deiner Klasse im Skiurlaub. Am dritten Tag hast du aber einen Unfall gehabt.
Schreib einen Brief an deine Eltern und beschrieb den Unfall.
Schreib 150 Wörter auf Deutsch.

Wann?
Was?
Wo?
Wer war dabei?
Wer hat dir geholfen?
Krankenhaus?
Wo hast du dir weh getan?
Am Ende? Und jetzt?

© Mary Glasgow Publications 1997

Tapescript

DIE GESUNDHEIT

1

1
Arzt: Guten Tag. Wo tut es dir weh?
Mädchen: Mein Fuß tut weh.

2
Ärztin: Hallo, was ist das Problem?
Junge: Ich habe Kopfschmerzen.

3
Arzt: Was stimmt mit dir nicht?
Mädchen: Der rechte Arm tut mir weh.

4
Ärztin: Und was hast du?
Junge: Ich habe schreckliche Magenschmerzen.

5
Arzt: Hast du ein Problem?
Mädchen: Ja, ich glaube, ich habe mir das Bein gebrochen.

6
Ärztin: Hallo, wo fehlt's?
Junge: Ich sehe nichts. Mein Auge tut weh!

2

1
Frau: Hier Praxis Doktor Müller. Wie kann ich Ihnen helfen?
Mann: Guten Tag. Hier spricht Herr Fein. Ich möchte bitte einen Termin vereinbaren.
Frau: Ja, wann möchten Sie kommen?
Mann: Am Dienstagvormittag, wenn möglich.
Frau: Ja, Herr Fein. Das geht. Kommen Sie bitte um elf Uhr vorbei.

2
Mann: Hier Praxis Doktor Müller. Kann ich Ihnen helfen?
Frau: Guten Tag. Hier spricht Frau Bach, Ralfs Mutter. Ich möchte bitte einen Termin für Ralf vereinbaren.
Mann: Ja klar, wann möchten Sie kommen?
Frau: Am Donnerstag, wenn möglich.
Mann: OK. Donnerstag um sechzehn Uhr vierzig ist noch 'was frei. Geht das?
Frau: Ja, wunderbar. Vielen Dank.

3
Mann: Hier Praxis Doktor Müller. Guten Tag.
Frau: Guten Tag. Hier spricht Frau Drill. Ich brauche dringend einen Termin.
Mann: Ja, morgen haben wir noch einen Termin frei.
Frau: Aber kann ich nicht heute kommen? Es ist wirklich sehr dringend.
Mann: Tja, Moment mal ... OK, kommen Sie heute um sechs Uhr vorbei.

3

Apotheke: Hallo, kann ich Ihnen helfen?
Anna: Ja, ich habe Halsschmerzen. Was empfehlen Sie dafür?
Apotheke: Am besten nehmen Sie diese Halstabletten. Die sind sehr gut.
Anna: Danke. Ich habe aber auch Kopfschmerzen. Haben Sie etwas dafür?
Apotheke: Ja, da brauchen Sie Aspirin. Hier, nehmen Sie diese Packung.
Anna: Ach, vielen Dank. Haben Sie noch etwas gegen Hautunreinheiten. Ich habe hier einen Pickel.
Apotheke: Lassen Sie mich mal sehen. Ja, ich glaube, dass diese Creme am besten ist. Möchten Sie sonst noch 'was?
Anna: Haatschi! Haatschi! Ach, meine Güte! Vielleicht sollte ich auch ein Päckchen Taschentücher mitnehmen.
Apotheke: Ja, natürlich. Sonst noch 'was?
Anna: Nein, das ist alles. Danke.

4

Ruth: Vorgestern bin ich mit dem Rad gefahren. Ich trug einen Helm und eine helle Jacke. Ich wollte meinen Freund besuchen. Er wohnt nur zehn Kilometer von mir entfernt, und es gibt Radwege fast die ganze Strecke entlang.
Es war ein sonniger, warmer Tag, und viele Leute waren unterwegs. Plötzlich, als ich links in eine Straße einbog, bin ich mit einem Auto zusammengestoßen. Ich habe das Auto gar nicht gesehen. Der Fahrer war wohl verrückt!
Ich lag ohnmächtig auf dem Boden. Überall war Blut hat mir nachher jemand erzählt. Glücklicherweise hatte der Autofahrer ein Mobiltelefon dabei, also machte er einen Notruf, und einige Minuten später kam der Krankenwagen. Sie haben mich sofort ins Krankenhaus gebracht, und hier liege ich jetzt – ich habe einen Gips am linken Bein, eine große Schnittwunde am Kopf und blaue Flecken überall.

Answers

DIE GESUNDHEIT

HÖREN

1. 1d 2f 3a 4c 5e 6b

2. Herr Fein: Di. 11.00
   Ralf Bach: Do. 16.40
   Frau Drill: Mo. 18.00

3. h, e, c, a

4. a) bicycle accident, b) helmet, light coloured jacket, c) (boy)friend, d) sunny and warm, e) she turned left into a street and a car hit her (didn't see the car; lay unconscious on floor), f) called an ambulance on his mobile phone, g) plastercast on left leg, cut on her head, covered in bruises

SPRECHEN Example answers

1. 1 Guten Morgen.
   2 Ja, ich möchte eine Tube Creme, Pastillen und Pflaster, bitte.
   3 Was kostet das?
   4 Vielen Dank. Auf Wiedersehen.

2. 1 Guten Tag.
   2 Mein Bein tut weh.
   3 Seit zwei Tagen.
   4 Können Sie etwas dafür tun?
   5 Danke. Auf Wiedersehen.

3. Example statements
   Hallo, hier spricht X.
   Ich habe ein Problem, und zwar fühle ich mich gar nicht gut.
   Ich habe furchtbare Kopfschmerzen und gestern konnte ich gar nichts essen.
   Kann ich einen Termin vereinbaren?
   Nein, am Vormittag kann ich nicht kommen.
   Haben Sie einen Termin am Nachmittag?
   Ja, halb fünf morgen. Das geht. Vielen Dank. Auf Wiederhören.

LESEN

1. a3 b2 c1 d4

2. a) Olaf, b) Janita, c) Lars, d) Janitas Eltern, e) Janita, f) Lars, g) Olaf

3. a) didn't have any friends; was shy; had a bad skin disease (any 2)
   b) started to lose weight
   c) no, she didn't notice as she was always off on business trips
   d) psychological
   e) he collapsed in the biology lesson
   f) he's getting better; learning with a tutor
   g) to get fit again and get a second chance at school

SCHREIBEN Example answers

1. 1 Kopf/Gesicht, 2 Hals, 3 Arm, 4 Hand, 5 Magen/Bauch, 6 Bein, 7 Fuß

2. Hallo Anna,
   es tut mir Leid, dass du dir das Bein gebrochen hast. Hoffentlich wird es bald besser. Was machst du den ganzen Tag zu Hause? Schade, dass du mit uns nicht Handball spielen kannst. Wann kommst du wieder in die Schule? Ich hoffe bald!
   Gute Besserung wünscht dir ...

3B

Österreich, 25. Januar

Liebe Mutti und lieber Vati,
leider bin ich heute nicht am Skihang, weil ich gestern einen Unfall gehabt habe. Macht euch aber keine Sorgen. Ich bin nicht schlimm verletzt. Es war sehr dumm. Ich war mit der Gruppe zusammen, und wir haben Slalom geübt. Das war irrsinnig lustig, aber als ich dran war, wurde ich auf einmal sehr nervös. Ich bin losgefahren, aber einige Sekunden später landete ich hart auf dem Boden – auf meinem Po! Ich war sehr verlegen und wollte sofort aufstehen. Leider hatte ich mir irgendwie den Fuß verstaucht und konnte nicht richtig aufstehen. Der Rettungsdienst musste mich dann nach unten bringen. Sehr peinlich! Der Arzt hat mich untersucht, aber es ist nichts Ernstes, und ich muss nur ein paar Tage im Hotel bleiben. Glücklicherweise ist es im Hotel sehr bequem und es gibt einen tollen Spielraum, also langweile ich mich gar nicht.
Alles Liebe, ...

© Mary Glasgow Publications 1997

Vokabular

DAS EINKAUFEN

SHOPS

das Geschäft (e)	shop
der Laden (¨)	shop
das Kaufhaus (-häuser)	department store
der Supermarkt (-märkte)	supermarket
das Lebensmittelgeschäft (e)	grocer
der Markt (¨e)	market
der Kiosk (s)	kiosk
der Zeitungskiosk (s)	newspaper stand
das Postamt (-ämter)	post office
die Bäckerei (en)	baker
die Metzgerei (en)	butcher
das Musikgeschäft (e)	music shop
das Blumengeschäft (e)	flower shop
die Boutique (n)	boutique
die Buchhandlung (en)	book shop
der Juwelier (e)	jeweller
der Friseursalon (s)	hairdresser
der Waschsalon (s)	launderette

CLOTHES

die Kleider (pl)	clothes
das Kleid (er)	dress
das T-Shirt (s)	T-shirt
das Hemd (en)	shirt
die Bluse (n)	blouse
der Pulli (s)	pullover
der Rock (¨e)	skirt
die Shorts (pl)	shorts
die Hose (n)	pair of trousers
die Jeans (-)	jeans
der Mantel (¨)	coat
die Jacke (n)	jacket
der Anorak (s)	anorak
der Jogginganzug (-züge)	tracksuit
der Anzug (-züge)	suit
die Krawatte (n)	tie
der Schlips (e)	tie
der Gürtel (-)	belt
der Badeanzug (-züge)	swimming costume
die Badehose (n)	trunks
das Unterhemd (en)	vest
die Unterhose (n)	underpants
die Unterwäsche (pl)	underwear
der BH (s)/Büstenhalter (-)	bra
der Schlafanzug (-züge)	pyjamas
die Strumpfhose (n)	tights
die Socke (n)	sock
der Schuh (e)	shoe
der Sportschuh (e)	trainer
der Stiefel (-)	boot
die Sandale (s)	sandal
der Hausschuh (e)	slipper
der Gummistiefel (-)	wellington boot
der Hut (¨e)	hat
die Mütze (n)	cap, hat
der Schal (e)	scarf
der Handschuh (e)	glove

IN A SHOP

das Einkaufen	shopping
der Einkaufskorb (-körbe)	shopping basket
der Einkaufswagen (-)	shopping trolley
die Rolltreppe (n)	escalator
das Untergeschoss (e)	basement
das Erdgeschoss (e)	ground floor
die Geschäftszeiten	opening times
der Kunde (n)	customer (m)
die Kundin (nen)	customer (f)
die Kasse (n)	cash till
die Quittung (en)	receipt
das Schaufenster (-)	shop window

ADJECTIVES

kostenlos, gratis	free
günstig, preiswert	good value
billig	cheap
teuer	expensive
altmodisch	old fashioned
modisch	fashionable
ausverkauft	sold out
beschädigt	damaged
kaputt	broken

VERBS

Geld aus/geben	to spend money
kaufen	to buy
um/tauschen	to exchange
sparen	to save
verkaufen	to sell

MATERIALS

Baumwolle	cotton
Gold	gold
Holz	wood
Kunststoff	man-made fibre

© Mary Glasgow Publications 1997

Vokabular

DAS EINKAUFEN

Leder	leather	violett	violet
Plastik	plastic	weiß	white
Seide	silk	bunt	colourful
Silber	silver	dunkel	dark
Stahl	steel	gestreift	striped
Wolle	wool	hell	light
		kariert	checked

COLOURS

blau	blue
braun	brown
gelb	yellow
gold	gold
grau	grey
grün	green
orange	orange
rosa	pink
rot	red
schwarz	black

EXTRA

das Elektrogeschäft (e)	electrical shop
der Getränkemarkt (¨e)	drink store
das Versandhaus (-häuser)	mail order business
die Abteilung (en)	department
der Ausverkauf (-käufe)	sale
der Schlussverkauf (-käufe)	sale
das Sonderangebot (e)	special offer
der Kassenzettel (-)	till receipt

PHRASES

Wann machen Sie auf/zu?	When do you open/shut?
Mittwochs geschlossen.	Closed on Wednesdays.
langer Samstag	Saturday when shops are open all day.
Kann ich Ihnen helfen?	Can I help you?
Ich schaue mich nur um.	I'm just looking.
Was für eine Farbe möchten Sie?	What colour do you want?
In welcher Größe?	In what size?
Haben Sie es eine Nummer größer?	Have you got it a size bigger?
Darf ich ... anprobieren?	Can I try on ...?
Die Umkleidekabinen sind dort drüben.	The changing rooms are over there.
Ich möchte hundert Gramm Käse, bitte.	I'd like 100g of cheese, please.
Sonst noch etwas?	Anything else?
Ich nehme es.	I'll take it.
Zahlen Sie bitte an der Kasse.	Please pay at the cash desk.
Das passt mir nicht.	It doesn't fit me.
Ich trage gern ...	I like wearing ...
Wieviel Taschengeld bekommst du?	How much pocket money do you get?
Wofür gibst du dein Taschengeld aus?	What do you spend your pocket money on?

Wo kauft man diese Sachen?
- a Blumen
- b Brot
- c Bücher
- d Kleider
- e Zeitungen
- f Lebensmittel
- g Briefmarken
- h Fleisch

Vervollständige diese Sätze.
- a In unserer Stadt gibt es ... (Geschäfte)
- b Ich bekomme ... Taschengeld pro Woche.
- c Ich gebe mein Taschengeld für ... aus.
- d Wenn ich einkaufen gehe, ...
- e Ich gehe (nicht) gern einkaufen, weil ...

Die Antworten findest du in der Vokabelliste, oder frag deinen Lehrer/deine Lehrerin.

Hören

DAS EINKAUFEN

1 *[F]* Fünf Leute sind in verschiedenen Geschäften. Wo sind sie? Schreib die richtige Nummer neben jedes Wort.

Bäckerei _____   Blumengeschäft _____   Boutique _____

Metzgerei _____   Buchhandlung _____

Before you listen to the recording, predict the sorts of words you might hear. For example, if someone is in the Bäckerei they might ask for Brot or Brötchen. You won't necessarily hear them say Bäckerei.

2 *[F/H]* Vier Leute sind in der Boutique. Was kaufen sie? Unterstreiche die richtige Antwort.

1
(brown)	black	grey	blue
shoes	socks	boots	coat
34	(36)	38	40

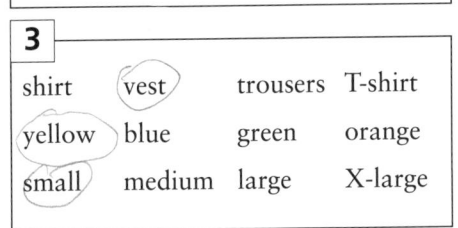

2
coat	(jumper)	shoes	jeans
(blue)	grey	red	green
38	(40)	42	44

3
shirt	(vest)	trousers	T-shirt
(yellow)	blue	green	orange
(small)	medium	large	X-large

4
(coat)	jacket	(blouse)	tie
34	(36)	38	40
red	grey	(black)	brown

Make sure you have learned the rubrics before you go into the exam. What does unterstreiche mean? There's a list of instructions on page 3 of this pack, so there's no excuse for not knowing what to do.

3 *[F/H]* Monika geht einkaufen. Hör zu. Sind diese Sätze richtig (✓) oder falsch (✗)?

a) Monika ist im Musikladen. _____✗_____

b) Die Damenabteilung ist im dritten Stock. _____✗_____

c) Monika will sich eine rote Hose kaufen. _____

d) Die Jeans ist zu lang. _____

e) Es gibt keine roten Shorts in der Damenabteilung. _____

f) Die Sportabteilung ist im Untergeschoss. _____

g) Monika will in die Sportabteilung gehen. _____

Don't worry if you can't get all the answers on the first listening. Re-read the questions you haven't answered before the second listening and just concentrate on listening out for those answers.

4 *[H]* Hör dir die Anzeige für »Boutique Bravo« an. Füll die Tabelle aus.

Preis	Artikel	Stoff
DM 89,-		
		Plastik
	Hemden	
DM 200,-		
	Socken	
DM 25,-		
		synthetisch

Make notes while you listen to the recording and fill the grid in afterwards, if you think you haven't got time to fill it in as you listen.

© Mary Glasgow Publications 1997   75

DAS EINKAUFEN — Sprechen

1 *[F]* Du bist in der Boutique. Beantworte die Fragen.

1	Gruß!	4	36
2	(Hemd)	5	✓
3	Farbe!		

1 Guten Morgen.
2 Was möchten Sie?
3 Welche Farbe möchten Sie?
4 Und welche Größe brauchen Sie?
5 Möchten Sie es kaufen?

Try not to answer the questions with a simple ja or nein. For example, in question 1.5, you could say:
Ja, es ist sehr schön.
Ja, danke sehr.
Ja, es gefällt mir sehr.

2 *[F/H]* Du bist in der Boutique. Beantworte die Fragen.

1	Gruß!	4	✓
2	(Hose)	5	Meinung?
3	✗	6	VISA

1 Guten Tag.
2 Kann ich Ihnen helfen?
3 Passt es Ihnen?
4 Möchten Sie es eine Nummer größer?
5 Wie finden Sie das?
6 Wie möchten Sie bezahlen?

For question 2.3, you could say:
Nein, sie ist zu klein.
Nein, sie gefällt mir nicht.
Nein, sie ist nicht ganz richtig.

3 *[H]* Du bist im Kaufhaus, und willst eine neue Jacke kaufen. Sie gefällt deiner deutschen Tante aber nicht. Überrede sie dazu, dass sie dir die Jacke kaufen soll.

Frag, ob sie dir die Jacke kauft.
Beschreib die Jacke: Stoff? Preis?
Erklär, warum du die Jacke haben willst.
Überrede sie, dazu dir die Jacke zu kaufen.

Speak with conviction in the exam and use intonation to get your message across. For example, practise saying this simple sentence enthusiastically, factually and then hesitantly:
Die Jacke ist nicht sehr teuer.

■ **Beantworte diese Fragen.**

Was kann man in einem Supermarkt kaufen?

Wo kaufst du deine Kleider?

Wieviel Taschengeld bekommst du pro Woche?

Was kaufst du damit?

Wie oft gehst du einkaufen?

Was hast du neulich gekauft?

Wo kaufst du ein? Warum?

Wie sind die Geschäftszeiten in deiner Stadt?

Findest du es besser, in einem großen Supermarkt oder in einem kleinen Laden einzukaufen? Warum?

■ **Gestern warst du in der Stadt und hast sehr viel gekauft. Beschreib was du gekauft hast, und wo.**

Gestern bin ich ...

Zuerst bin ich ins ...

Dort habe ich ...

Danach bin ich zu ...

Es war nicht teuer ...

Lesen A

DAS EINKAUFEN

1 [F] Sieh dir diese Liste an. Trag die Preise ein.

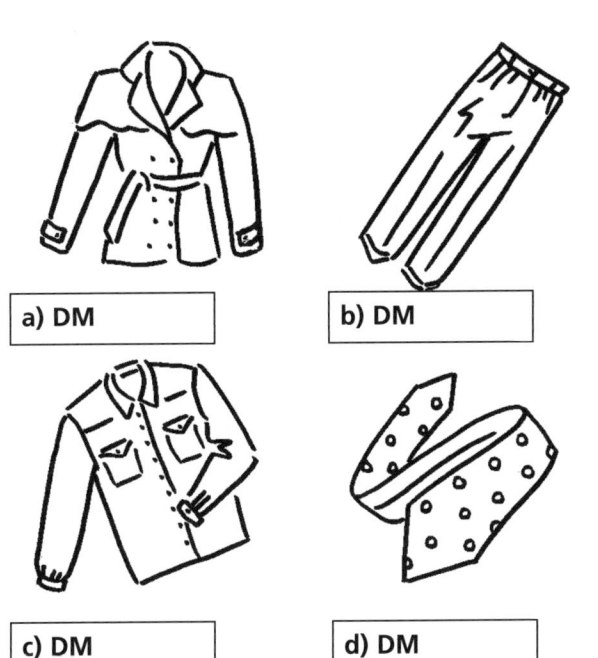

a) DM

b) DM

c) DM

d) DM

```
Sonderangebot bei
        der
  BOUTIQUE BABSI

Mäntel        DM 120,-
Jacken        DM  80,-
Regenjacken   DM  90,-
Hosen         DM  60,-
Röcke         DM  60,-
Hemden        DM  40,-
Kleider       DM  75,-
Krawatten     DM  20,-
```

Use your common sense when answering questions. If you don't know the word for coat, look at the words in the list that are more expensive than a shirt. Coats are a quite expensive item, so *Hemden* or *Krawatten* are unlikely to be the word you need.

2 [F] Sieh dir dieses Schild an.

1 Was kann man hier kaufen?
a) Haustiere   b) Boote   c) Bücher

2 Kann man am Montag hier einkaufen?
a) ja   b) nein

Buchhandlung Bernhard
Di.-Fr. 09.30–17.30 geöffnet
Hafenstraße 45
Leseratten willkommen!

Don't be misled by texts into choosing the wrong answer. Even in a short text like this, you still have to take care to find the key words you need. Don't jump to the conclusion that *Leseratte* must have something to do with selling rats *(Haustiere)*, or that *Hafenstraße* means the shop has got something to do with selling things to do with a harbour *(Boote)*. The key word you need here is *Buchhandlung*.

3 [F/H] Sieh dir dieses Schild an und schreib die Abteilung auf.

U	Untergeschoss	Hier finden Sie eine große Auswahl an Lebensmitteln. Wir haben frische Backwaren sowie viele Obst- und Gemüsesorten aus aller Welt.
E	Erdgeschoss	Wenn Sie gern am Schreibtisch sitzen, besuchen Sie das Erdgeschoss. Hier haben wir Schreibwaren und alles für den Heimcomputer. Neben dem Haupteingang haben wir die beste Auswahl an Illustrierten in der Stadt.
1.	Stock	Fotografieren Sie gern? Dann kommen Sie in den ersten Stock. Die Fotoabteilung ist besonders gut, und mittwochs macht ein Profi Fotos von Ihren Kindern.
2.	Stock	Unsere berühmte Kinderabteilung ist im zweiten Stock. Hier haben wir nicht nur die neuesten Kindertrends, sondern auch Spielwaren, Ausrüstung und einen Mutter/Baby-Raum.

a) eine Zeitschrift _____   d) ein Farbfilm _____

b) Kekse _____   e) ein Kuli _____

c) ein Spiel _____   f) Äpfel _____

```
U
E
1.
2.
```

Save time when answering this sort of question, by looking for specific items in the text. For example, you need to find the department for *eine Zeitschrift*, so scan the text for a word that means 'magazine' to find the answer.

© Mary Glasgow Publications 1997

DAS EINKAUFEN

Lesen B

4 *[H]* Lies den Text und trag die richtigen Zahlen ein.

Taschengeldumfrage – die Ergebnisse

Letzte Woche haben wir euch gefragt: Wieviel Taschengeld bekommt ihr pro Woche? Danke für eure Briefe, Faxnachrichten und E-Mail dazu. Hier sind die Ergebnisse (120 Jungen/135 Mädchen).

6% der Jugendlichen in Deutschland bekommen gar kein Taschengeld von ihren Eltern! Diese jungen Leute müssen selbst ihr Taschengeld verdienen, wenn sie überhaupt Geld brauchen oder wollen. Sie haben Jobs, wie Babysitting, im Garten arbeiten, Autos waschen, Zeitungen austragen oder auf kleinere Geschwister aufpassen. So verdienen sie oft ziemlich viel, und können sich dann allerlei Sachen leisten.

30% der Jugendlichen bekommen mehr als DM 20,- pro Woche von den Eltern. Weitere 15% bekommen mehr als DM 30,- pro Woche, und nur 2% bekommen mehr als DM 40,- pro Woche von ihren Eltern.

Aber die Mehrheit der jungen Leute (fast die Hälfte sogar) bekommt ungefähr DM 10,- pro Woche, das heißt 47% von euch.

Je älter man wird, desto mehr Geld kriegt man, so scheint es. 67% der Jugendlichen über vierzehn kriegen fast doppelt so viel wie Jugendliche unter vierzehn.

Und wofür gebt ihr euer Geld aus? 60% geben das Geld für Süßigkeiten, Zeitschriften und Getränke aus. 30% gehen gern ins Kino oder in die Disco, und dort verschwindet euer Geld jede Woche.

Mit euren Sparbüchsen sieht es nicht so gut aus – nur 15% unter euch sparen das Taschengeld, entweder für einen großen Einkauf oder für die Zukunft.

Also, es scheint, dass ihr alle gern Taschengeld bekommt, und es sehr gern wieder ausgebt. Nur eines habt ihr alle gemeinsam – ihr wollt alle mehr Taschengeld!

a) Ich kriege gar kein Taschengeld.   6%

b) Ich gebe mein Geld nicht aus. Ich spare für die Ferien. _____

c) Ich bekomme dreißig Mark pro Woche. _____

d) Ich habe einen Samstagsjob und verdiene selber Geld. _____

e) Ich kaufe immer was Gutes zu Essen. _____

f) Ich bekomme zehn Mark pro Woche. _____

g) Freitags kriege ich mein Taschengeld und am Abend gehe ich dann tanzen. _____

h) Mein Bruder ist zwölf und er bekommt zehn Mark pro Woche. _____

i) Ich bin fünfzehn und kriege dreiunddreißig Mark pro Woche. _____

Look for where the percentage numbers are given in the text to help you locate the answers for this sort of task.

Schreiben

DAS EINKAUFEN

1 *[F]* Du arbeitest in einer Boutique. Was gibt es dort? Nenn noch 5 Kleidungsstücke und Farben.

1. Hemd – blau
2.
3.
4.
5.
6.

If your mind goes blank when you've got to write a list, then picture the type of items you need in your head. Here you could just look at what you are wearing and list those items, or if you had to write a list about items in a shop, you could imagine yourself in the shop looking at the things.

2 *[F]* Es gibt ein neues Einkaufszentrum in deiner Nähe. Welche Geschäfte usw. gibt es dort? Schreib eine Liste (7 Wörter).

Einkaufsparadies Neuwaren
alle Geschäfte unter einem Dach
Einkaufsspaß für die ganze Familie 365 Tage pro Jahr

1. Kiosk
2.
3.
4.
5.
6.
7.
8.

If you can't think of enough shops to fill the list, think of other things you might find in a shopping centre. You could include restaurants, toilets, banks and play areas.

3 *[F/H]* Du hast gerade eine neue Jacke gekauft. Leider gibt es ein Problem damit. Schreib einen kurzen Brief und erklär das Problem. (40 Wörter)

Think through your answer before you write it down to help you structure it properly. Here, your plan could look like this:
1 greeting
2 describe jacket
3 say when I bought it
4 describe the problem
5 say what I want done
6 end the letter and sign it.

4 *[H]* Schreib eine Antwort auf diesen Brief. Schreib 150 Wörter auf Deutsch.

Hallo Freunde!
Freue mich auf den Besuch nächste Woche! Was soll ich mitbringen? Wie ist das Wetter bei euch? Was machen wir jeden Tag? Und am Abend? Muss ich warme Kleidung mitbringen? Oder sportliche Kleidung?
Schreibt bitte zurück!!
Werner

If you're replying to a letter, try to start it with a suitable phrase of acknowledgement. For example, in answer to this letter, you could start with one of these sentences:
Vielen Dank für deinen Brief.
Ich freue mich sehr auf deinen Besuch.
Es freut mich, dass du nächste Woche zu Besuch kommst.

© Mary Glasgow Publications 1997

DAS EINKAUFEN

Tapescript

1

1 Vier Würste und ein halbes Kilo Rindfleisch, bitte.
2 Ich hätte gern sechs Brötchen.
3 Wo finde ich Bücher über Österreich?
4 Haben Sie dieses Hemd in blau?
5 Ich suche eine große Pflanze für den Garten.

2

1
Mann Hallo. Kann ich Ihnen helfen?
Mädchen Ja, ich möchte diese braunen Schuhe anprobieren, bitte.
Mann Ja, in welcher Größe?
Mädchen Sechsunddreißig, bitte.

2
Mann Guten Tag. Was darf's sein?
Mädchen Ja, ich suche einen Pulli für meinen Vater.
Mann Was für einen Pulli?
Mädchen Einen blauen Pulli. Blau ist seine Lieblingsfarbe.
Mann Und in welcher Größe?
Mädchen Äh ... vierzig, glaube ich.

3
Mann Kann ich Ihnen helfen?
Frau Ja, ich brauche ein Unterhemd für meine Tochter.
Mann Ja, wir haben welche in blau, rot, weiß und gelb.
Frau Ach, schön. Ich nehme bitte ein Gelbes.
Mann Und welche Größe brauchen Sie – groß, mittel oder klein?
Frau Klein, bitte.

4
Mann Na, wie passt Ihnen der Mantel?
Frau Er ist leider ein bisschen zu klein.
Mann Kein Problem. Probieren Sie mal diesen an, Größe sechsunddreißig.
Frau Ja, der ist viel besser. Aber haben Sie den in schwarz?
Mann Ja, natürlich. Hier!
Frau Toll, den nehme ich.

3

Monika Entschuldigen Sie, bitte. Ich möchte eine neue Hose. Wo finde ich das?
Mann Die Damenabteilung ist im vierten Stock, neben der Musikabteilung.
Monika Vielen Dank.
Frau Guten Tag. Kann ich Ihnen helfen?
Monika Nein, danke. Ich schaue mich nur um ... Entschuldigen Sie. Haben Sie diese Hose in rot?
Frau Rot? Nein, die haben wir nur in blau, schwarz oder braun.
Monika Ach, schade.
Frau Wir haben aber eine Jeans in rot. Gefällt sie Ihnen?
Monika Nein, sie ist viel zu kurz. Haben Sie vielleicht rote Shorts?
Frau Tja, da müssen Sie in die Sportabteilung gehen.
Monika Wo ist die?
Frau Die ist im Untergeschoss.
Monika Danke. Ich werde mal dort schauen.

4

Mann Heute bei Boutique Bravo haben wir Sommer-Sonderangebote für Sie! Mäntel kosten nur 89 Mark! Ja, 89 Mark für einen Mantel aus reiner Baumwolle!
Wir haben tolle Schuhe aus Plastik. Nur 20 Mark pro Paar, und in vielen Farben. Ideal für den Strand!
Hemden, auch in vielen Farben, kosten nur 20 Mark bei uns. Sie sind alle aus 100% Baumwolle.
Wir haben auch schöne Jacken aus Leder, nur 200 Mark. Billiger gibt's das nirgends!
Wenn Sie eine Kleinigkeit kaufen möchten, kaufen Sie mal unsere Socken. Aus reiner Wolle und sie kosten nur sechs Mark pro Paar.
Luxus gibt's auch hier zu kaufen – wir haben italienische Krawatten aus 100% Seide – nur 25 Mark – unglaubliche Preise!
Und für das Baby gibt's auch 'was – wir haben Nachthemden um 16 Mark. Sie sind aus synthetischen Fasern, und die Qualität ist ausgezeichnet.
Also, kommen Sie mal vorbei. Boutique Bravo, in der Hauptstraße.

© Mary Glasgow Publications 1997

Answers

DAS EINKAUFEN

HÖREN

1. Bäckerei 2, Metzgerei 1, Blumengeschäft 5, Buchhandlung 3, Boutique 4

2.
   1 brown; shoes; 36
   2 jumper; blue; 40
   3 vest; yellow; small
   4 coat; 36; black

3. a) ✗ b) ✗ c) ✓ d) ✗ e) ✓ f) ✓ g) ✓

4.
DM 89,-	Mäntel	Baumwolle
DM 20,-	Schuhe	Plastik
DM 20,-	Hemden	Baumwolle
DM 200,-	Jacken	Leder
DM 6,-	Socken	Wolle
DM 25,-	Krawatten	Seide
DM 16,-	Nachthemden	synthetisch

SPRECHEN Example answers

1.
   1 Guten Morgen.
   2 Ich suche ein Hemd.
   3 Blau, bitte.
   4 Sechsunddreißig, wenn möglich.
   5 Ja, es gefällt mir sehr.

2.
   1 Guten Tag.
   2 Ja, ich möchte diese Hose anprobieren.
   3 Nein, leider ist sie zu kurz.
   4 Ja, wenn Sie das haben.
   5 Das passt mir viel besser. Es sieht schön aus.
   6 Nehmen Sie Kreditkarten?

3. Example statements
   O, Tante Hilde, sieh dir diese Jacke an. Sie ist wirklich toll, nicht wahr? Kaufst du sie mir, bitte? Sie ist wirklich sehr preiswert – nur sechzig Mark, und aus reiner Baumwolle.
   Die Jacke ist blau mit dünnen weißen Streifen.
   Sie sieht irrsinnig schick aus.
   Ich würde sie so gern auf meiner Geburtstagsparty nächsten Monat tragen.
   Wenn du mir die Jacke kaufst, werde ich zwei Wochen lang abwaschen.
   Alle meine Freunde tragen schöne Jacken, und ich muss immer diesen hässlichen Anorak tragen. Ich will auch modisch angezogen sein.

LESEN

1. a) DM 120,- b) DM 60,- c) DM 40,- d) DM 20,-

2. 1c 2b

3. a) E, b) U, c) 2., d) 1., e) E, f) U

4. a) 6%, b) 15%, c) 45%, d) 6%, e) 60%, f) 47%, g) 30%, h) 47%, i) 15%

SCHREIBEN Example answers

1. Jacke/grau, Hose/orange, Socken/gelb, Mantel/grün, Krawatte/schwarz

2. Buchhandlung, Postamt, Bibliothek, Boutique, Supermarkt, Optiker, Apotheke

3.
   Frankfurt, 6. Juli
   Sehr geehrte Frau Bach,
   gestern habe ich eine blaue Jacke aus Baumwolle, Größe 38, in Ihrer Boutique gekauft. Sie hat DM 34,- gekostet. Leider hat sie ein Loch auf der linken Seite. Ich möchte eine neue Jacke haben, und hoffe, dass ich diese umtauschen kann.
   Hochachtungsvoll, ...

4.
   Köln, 5. Oktober
   Hallo Werner,
   vielen Dank für deinen Brief. Ich freue mich auch auf deinen Besuch nächste Woche! Ich hoffe, dass es dir hier gefällt. Im Moment ist das Wetter noch mild, aber das kann sich schnell ändern, also bring warme Pullis und eine Jacke mit. Wenn du Gummistiefel hast, bring sie auch mit, weil es vielleicht regnet.
   Ich habe einige Pläne für die Woche, und am Montag fängt alles mit einem Schulfest an. Normalerweise ist das sehr lustig. Am Dienstag gehen wir mit der Klasse hoffentlich ins Museum. Im Moment gibt es eine interessante Ausstellung. Wenn du ein bisschen Sport treiben möchtest, kannst du zum Fußballtraining mitkommen. Also bring deine Trainingsschuhe mit.
   Am Donnerstag habe ich nichts vor, aber vielleicht möchtest du dir dann die Stadt ein bisschen ansehen – vergiss deinen Fotoapparat nicht!
   Wir holen dich vom Busbahnhof ab, und dann können wir alles weitere besprechen!
   Bis nächste Woche, ...

© Mary Glasgow Publications 1997

DIE FERIEN — Vokabular

See page 109 for countries, 100 for forms of transport and 91 for accommodation.

LUGGAGE

das Fundbüro (s)	lost property office
das Gepäck (-)	luggage
die Handtasche (n)	handbag
der Koffer (-)	suitcase
der Rucksack (-säcke)	rucksack
das Portemonnaie (s)	purse
der Ausweis (e)	identity card
der Euroscheck (s)	Eurocheque
der Reisescheck (s)	traveller's cheque
das Visum (Visa)	visa
der Reisepass (¨e)	passport
das Tagebuch (-bücher)	diary
das Adressbuch (-bücher)	address book
der (Farb)film (e)	(colour) film
der Fotoapparat (e)	camera
die Landkarte (n)	map
der Regenschirm (e)	umbrella
die Sonnenbrille (n)	sunglasses
die Sonnencreme (s)	suncream
ein/packen	to pack
aus/packen	to unpack

TRIPS

der Tourist (en)	tourist (m)
die Touristin (nen)	tourist (f)
der Urlaub (e)	holiday
der Aufenthalt (e)	stay
der Ausflug (-flüge)	trip
der Austausch (e)	exchange
das Ausland	abroad
der Badeort (e)	bathing resort
die Stadtrundfahrt (en)	city tour
die Busfahrt (en)	bus trip
die Radtour (en)	bike trip
die Sehenswürdigkeiten (pl)	sights
das Reisebüro (s)	travel agent's
der Stadtplan (-pläne)	town plan
die Hafenstadt (-städte)	harbour town
der Strand (¨e)	beach
besuchen, besichtigen	to visit
buchen	to book
reservieren	to reserve

TIMES

(im) Januar	(in) January
Februar	February
März	March
April	April
Mai	May
Juni	June
Juli	July
August	August
September	September
Oktober	October
November	November
Dezember	December
der Winter	winter
der Frühling	spring
der Sommer	summer
der Herbst	autumn
am Wochenende	at the weekend
letzte Woche	last week
letzten Monat	last month
letzten Sommer	last summer
letztes Jahr	last year

HOLIDAYS

der Feierabend (e)	leisure time
die Sommerferien (pl)	summer holidays
der Feiertag (e)	public holiday
Fasching/Fastnacht	carnival time
der Karneval (e)	carnival
Ostern	Easter
Heiligabend	Christmas Eve
Weihnachten	Christmas
Neujahr	New Year
Silvester	New Year's Eve

EXTRA

der Ausländer (-)	foreigner (m)
die Ausländerin (nen)	foreigner (f)
der/die Reisende (n)	traveller
das Christkind	(baby) Jesus
die Bescherung	giving presents at Christmas
Karfreitag	Good Friday
die Pauschalreise (n)	package tour
Pfingsten	Whitsun

© Mary Glasgow Publications 1997

Vokabular

DIE FERIEN

ACTIVITIES

ich habe ...	I ...
besucht/besichtigt	visited
gefaulenzt	lazed about
geangelt	went fishing
gegessen	ate
getrunken	drank
gekauft	bought
geliehen	hired
gemacht	did, made
gemietet	rented
gespielt	played
Sport getrieben	did sport
getroffen	met
gewohnt	lived/stayed
gezeltet	camped
übernachtet	stayed overnight
verbracht	spent time
in der Sonne gelegen	lay in the sun

ich bin ...	I ...
geblieben	stayed
geflogen	flew
gefahren	went
gegangen	went (on foot)
geklettert	climbed
geritten	rode on horseback
geschwommen	swam
gesegelt	sailed
Rad gefahren	cycled
spazieren gegangen	went for a walk
weitergefahren	continued my journey

PHRASES

Gute Reise!	Have a good trip!
Ich bin hier fremd.	I'm a stranger here.
Letztes Jahr bin ich ins Ausland gefahren.	Last year I went abroad.
In den Sommerferien war ich in Portugal.	I was in Portugal in the summer holidays.
Ich bin mit meiner Familie nach Frankreich gefahren.	I went to France with my family.
Das Wetter war wunderbar.	The weather was great.
Ich fahre lieber aufs Land als an die Küste.	I prefer going to the countryside than to the coast.
In den Ferien habe ich einen Wasserskikurs gemacht.	I did a water skiing course in the holidays.
Das Essen hat mir leider nicht sehr gut geschmeckt.	Unfortunately I didn't really like the food.
Wohin fahren Sie in den Urlaub?	Where are you going on holiday?

Vervollständige die Sätze.
a Ach, nein! Ich habe ... vergessen!
b Im ... fahre ich oft ins Ausland.
c Ich habe ... mit meinem Brieffreund gemacht.
d Die Stadtrundfahrt war ...
e In den letzten Sommerferien habe ich ...
f An der Küste bin ich ...
g ... bin ich nach Spanien geflogen.
h Hast du ... gepackt?
i Pauschalreisen finde ich ...

Wie sagt man das auf Deutsch?
a I visited Hamburg in March.
b Where is the lost property office? I've lost my rucksack.
c I love carnival time in the spring.
d I like travelling abroad.
e We stayed in a hotel in a bathing resort.
f I hired a bike and went for a bike trip.
g I lay in the sun and swam in the sea.

Die Antworten findest du in der Vokabelliste, oder frag deinen Lehrer/deine Lehrerin.

© Mary Glasgow Publications 1997

DIE FERIEN — Hören

1 *[F]* Rudi beschreibt seinen Urlaub. Wähl die richtige Antwort aus.

1 Wo war Rudi im Urlaub?
a) GB   b) I ✓   c) F

2 Wie ist er gefahren?
a) ✈ ✓   b) 🚂   c) 🚢

3 Wie war das Wetter?
a) ☁   b) 🌧   c) ☀ ✓

4 Wo hat er gewohnt?
a) H ✓   b) 🚐   c) ⛺

5 Was hat Rudi gemacht?
a) 🐎   b) 🎿 ✓   c) ☑

Use any time you have to think about the vocabulary you might hear. For example, Großbritannien, Italien, Frankreich. This will make it easier to pick out your answer.

2 *[F/H]* Austausch mit der Gesamtschule Horn. Füll die Tabelle aus.

Monat: _Feb_
Transport nach Hamburg: _Flugzeug_
Besichtigungen: _____
Abschiedsparty: _disko/schwimmbad_

As you listen, jot down notes: Feb for Februar. Write your answer in full when the tape has finished.

3 *[F/H]* Karneval in Köln. Hör zu. Richtig (✓) oder falsch (✗)?

a) Karneval wird immer in Norddeutschland gefeiert. ✗
b) Zur Karnevalszeit gibt es viele Partys. ✓
c) Letztes Jahr trug Annette eine schöne Maske. ✗
d) Es gibt viele Leute in der Stadt. ✓
e) Karneval gefällt Annette gut. ✓
f) Karneval ist nur für Kinder geeignet. ✗

Use the information you already know about carnival in Germany. Can you predict any of the answers before listening to the tape? You could then just listen to the tape to confirm your answers.

4 *[H]* Johanna und Michael planen einen Urlaub. So einfach ist es aber nicht! Füll die Tabelle aus.

	Idee	Warum nicht?	
1			[1]
2			[2]
3			[2]

Wie findest du Michael? Wähl ein Adjektiv aus.
a) schüchtern   b) schlecht gelaunt   c) geduldig

Be careful not to miss the last question in this task. Listen to the tone of voice on the tape to help you select your answer.

© Mary Glasgow Publications 1997

Sprechen

DIE FERIEN

1 *[F]* Du buchst einen Urlaub im Reisebüro. Beantworte die Fragen.

1	USA
2	Aug.
3	✈ New York
4	🏠
5	✈ DM?

1. Guten Tag! Kann ich Ihnen helfen?
2. Wann möchten Sie fahren?
3. Sie wollen sicher mit dem Flugzeug fliegen, oder?
4. Brauchen Sie ein Hotel?
5. Ja, das ist viel billiger.
5. Moment mal. Ich schaue nach.

Many of these foundation level speaking tasks follow the same pattern. The key to success is careful preparation! Use the model answers provided in this pack as part of your preparation. You will also be more relaxed if you have practised saying the phrases aloud. Why not talk to yourself in the mirror as part of your preparation?

2 *[F/H]* Nach den Sommerferien sprichst du mit einer Freundin.

1	I
2	1.07. – 13.07.
3	☀
4	⛺
5	🏖

1. Wo warst du in den Sommerferien?
2. Wann war das?
3. Wie war das Wetter?
4. Wo hast du gewohnt?
5. Was hast du gemacht?

3 *[H]* Du hast eine Woche in Zell am See verbracht. Beschreib die Woche und beantworte die Fragen deines Lehrers/deiner Lehrerin. Gib so viele Informationen wie möglich!

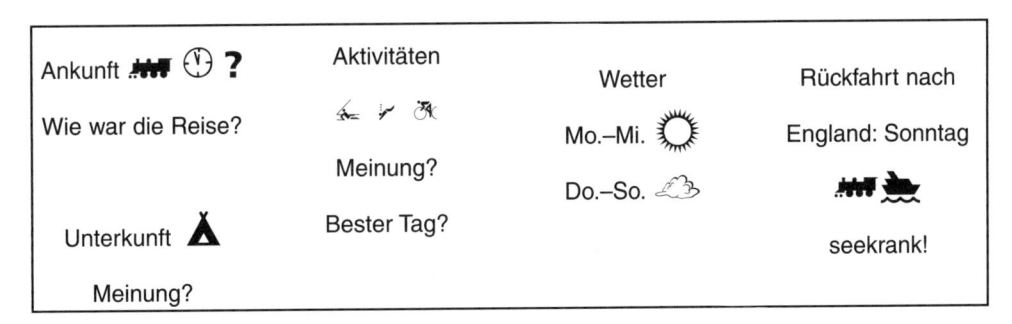

Ankunft 🚂 🕐 ?

Wie war die Reise?

Unterkunft ⛺

Meinung?

Aktivitäten
🏊 🚴

Meinung?

Bester Tag?

Wetter

Mo.–Mi. ☀

Do.–So. ☁

Rückfahrt nach

England: Sonntag

🚂 🚢

seekrank!

Note how often you are asked to give your opinion at higher level. Practise beforehand and try to use more interesting language than Es war gut. For example: Der Campingplatz hat mir besonders gut gefallen, weil er ein schönes Freibad und eine tolle Disco hatte.

■ **Beantworte diese Fragen.**

Ist deine Stadt/Gegend gut für Touristen?

Fährst du gern in den Urlaub?

Wohin fährst du am liebsten? Warum?

Was machst du gern im Urlaub?

Wohnst du lieber in einem Hotel oder in einer Jugendherberge? Warum?

Wo hast du letztes Jahr deine Ferien verbracht?

Fährst du gern ins Ausland? Warum (nicht)?

Hast du je eine Schulreise gemacht? Wo? Wann? Meinung?

Wie findest du Ferien an der Küste?

■ **Bereite einen kleinen Vortrag über deinen Urlaub letztes Jahr vor.**

Ich bin nach ... gefahren.

Ich bin mit dem Bus/mit meiner Familie gefahren.

Ich habe zwei Wochen dort verbracht.

Ich habe im Hotel/am Campingplatz/bei meiner Tante gewohnt.

Das Wetter war ...

Ich habe ... gemacht/gekauft/gespielt/besucht.

Ich bin ... gegangen/geschwommen/gefahren.

Der Urlaub hat mir ... gefallen, weil ...

© Mary Glasgow Publications 1997

Lesen A

DIE FERIEN

1 [F] Was passt zusammen?

1 Ich fahre gern an den Strand.
2 Ich fahre gern in eine Großstadt.
3 Ich zelte gern.
4 Ich gehe am liebsten in die Berge.
5 Ich mag Hotels mit Schwimmbad.

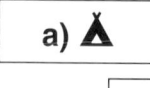

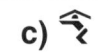

a) ▲
b) BERLIN
c) 〜
d) 🏰
e) SCHOTTLAND

There's no excuse for not understanding what you have to do in the exam! Make sure that you learn the instructions for various activities in the same way as you learn other vocabulary (see page 3 of this pack).

2 [F] Lies den Brief und wähl die richtige Antwort aus.

1 Wann fährt Oli nach Deutschland?
a) 30. Juli   b) 10. August
c) 10. September   d) 4. August

2 Wo kommt er an?
a)  ✈   b) 🚌
c) 🚢   d)  🚂

3 Wann kommt er an?
a) 10.00   b) 10.30
c) 09.30   d) 11.00

4 Wohin geht er am Wochenende?
a) 🌳   b) 🏰
c) ⛵   d) 🐘

> Brighton, den 3.8.
> Liebe Saskia!
> Ich freue mich auf meinen Besuch nächste Woche.
> Ich komme um halb zehn am Bahnhof an. Holst du mich ab?
> Am Wochenende besuchen wir Schloss Neuschwanstein, nicht wahr? Toll! Ich möchte auch in der Stadt einkaufen gehen.
> Bis bald!   *Oli*

5 Was will er machen?
a) Fußball spielen   b) ins Geschäft gehen
c) schwimmen   d) angeln

Underline the source of your answer in the postcard. Then double check quickly before choosing your answer. This should help you to avoid making silly mistakes such as *halb zehn* = 9.30 or 10.30?

3 [F/H] Lies diese Postkarte und füll die Lücken aus.

> Ich bin schon drei Wochen hier an der spanischen Südküste und muss nächste Woche nach Hause fahren. Leider! Alles ist hier so toll gewesen - die Unterkunft, das Wetter, das Essen... Nur die Flugreise war schlecht, weil wir drei Stunden Verspätung hatten. Ich habe viel Golf gespielt und einen Segelkurs gemacht. Und du? Wo bist du in den Ferien? Schreib bald,
> Rolf

Spanien
sonnig
Flugzeug
Schwimmen
drei Wochen
Deutschland
regnerisch
einen Monat
Zug
gefallen
Sport
gemacht

Don't be put off by the handwriting. Use the actual task to help you decipher the postcard if necessary.

Rolf ist nach .... gefahren. Er ist mit dem ....
dorthin gefahren. Er hat .... dort verbracht. Das Wetter war
.... Der Urlaub hat Rolf gut .... Er hat viel
.... gemacht.

86 © Mary Glasgow Publications 1997

Lesen B

DIE FERIEN

4 *[H]* Lies diesen Brief und wähl die richtige Antwort aus.

Grindelwald, 28. Juli

Liebe Oma!

Hoffentlich geht's dir gut. Hier in Grindelwald geht es uns allen gut! Du weisst, dass wir öfters zum Skifahren in Grindelwald gewesen sind, und die Gegend ist genauso schön wie im Winter. Natürlich gibt es nicht so viel Schnee, nur oben auf den Berggipfeln. Bis jetzt ist das Wetter fabelhaft gewesen, nur ab und zu spät nachmittags gibt es Gewitter, aber das ist ganz normal im Sommer in den Bergen.

Wir sind schon seit zwei Wochen hier und es gefällt uns gut! Unser Schweizerhaus ist sehr bequem mit einem wunderschönen Blick auf die Berge. Wir essen meistens draussen auf der Terrasse! Wir wohnen ungefähr zwei Kilometer vom Dorfzentrum entfernt, aber wir haben alle Fahrräder mitgebracht und fahren damit einkaufen.

Wir sind natürlich öfters gewandert und Vati und ich haben sogar einen Kletterkurs gemacht. Für mich war das toll, aber ich glaube, dass Vati ein bisschen Angst hatte! Morgen fahren wir mit dem Zug hinauf zum Kleinen Scheidegg. Wenn das Wetter schön ist, fahren wir dann weiter zum Jungfernjoch, einer der höchsten Berge in dieser Gegend. Die Fahrt durch den Berg soll spannend und interessant sein.

Nächste Woche beginnen wir unsere Rückfahrt, aber wir haben vor, ein paar Tage bei meiner französischen Brieffreundin zu bleiben. Dann fahren wir direkt nach Hause! Ende August hat Mutti Geburtstag – kommst du dann zu Besuch? Wir machen eine Grillparty! Ich rufe dich bald an!

Deine Enkelin, Tanja

With a longer text, it is worth reading the whole letter for gist first and then re-reading it, looking at the specific questions.

1 An wen schreibt Tanja?
a eine Freundin, die Oma heißt
b ihre Großmutter
c ihren Großvater

2 Wie findet Tanja Grindelwald im Sommer?
a ebenso kalt wie im Winter
b schöner als im Winter
c ebenso schön wie im Winter

3 Wie ist das Wetter?
a es schneit und es ist sonnig
b es ist sonnig und stürmisch
c es ist die ganze Zeit sonnig

4 Wo wohnt Tanja in Grindelwald?
a in einem Hotel
b auf einem Bauernhof
c in einem Haus

5 Wo isst Tanja meistens?
a in der Stadt
b draussen
c drinnen

6 Wie kommt sie zum Dorf?
a mit dem Rad
b zu Fuß
c mit dem Zug

7 Was hat Tanja in den letzten zwei Wochen gemacht?
a sie hat gefaulenzt
b sie ist Ski gefahren
c sie ist im Freien gewesen

8 Wie hat Tanjas Vater den Kletterkurs gefunden?
a spannend
b gefährlich
c ausgezeichnet

9 Warum besuchen viele Touristen das Jungfernjoch?
a weil es ein hoher Berg ist
b weil das Wetter immer schön ist
c weil man mit dem Zug hoch fahren kann

10 Wann fährt Tanja wieder nach Hause?
a nach einem Aufenthalt in Frankreich
b nächste Woche
c Ende August

DIE FERIEN

Schreiben

1 *[F]* Du fährst nach Griechenland. Was nimmst du mit? Schreib eine Liste.

1. Sonnenbrille
2.
3.
4.
5.
6.
7.

Use your common sense – you can still answer this question even if you've never been to Greece! Just list general things you would take on holiday with you.

2 *[F/H]* Du bist im Urlaub auf einem Campingplatz an der Küste. Schreib eine Postkarte. Schreib nicht mehr als 40 Wörter.

Campingplatz
Wetter
Aktivitäten
Was gibt es in der Nähe?

You don't always have to write positive postcards where everything is fun and the sun always shines! If you like, write a postcard about a negative holiday experience.

3 *[H]* Entweder Aufgabe A
Schreib einen Bericht über deine Ferien in Österreich. Schreib 150 Wörter auf Deutsch. Du musst folgendes erwähnen:

WIEN
Tante Liesel
Abends?
AUG.
FUNDBÜRO

When you are given cues like in these activities, just use them as the starting point for your report. As long as you include them all, there isn't a right or wrong way of using them. For example, you could say:
Ich habe bei Tante Liesel in Wien gewohnt.
Or:
An einem Tag habe ich Tante Liesel in Wien besucht.

Oder Aufgabe B
Du hast eine Woche bei einer deutschen Familie verbracht. Schreib einen Bericht darüber. Wie hast du die Familie und Deutschland gefunden?

Mo.	Schule mit Stefan
Di.	Einkaufen
Mi.	Stadt, Sehenswürdigkeiten
Do.	Stadt, Einkaufen
Fr.	Sportzentrum
Sa.	Wanderung
So.	Letzter Tag

Don't forget to express a few opinions, too:
Es hat mir gut gefallen.
Ich habe viele nette Leute kennengelernt.
Es war besonders toll, weil das Wetter sehr sonnig war.
Ich glaube, dass Wien eine wunderschöne Stadt ist.

© Mary Glasgow Publications 1997

Tapescript

DIE FERIEN

1

Mädchen	Wo warst du im Urlaub, Rudi?
Rudi	Ich war in Italien. In Süditalien.
Mädchen	Bist du mit dem Flugzeug dorthin geflogen?
Rudi	Ja, ich bin geflogen.
Mädchen	Und war das Wetter gut?
Rudi	Fabelhaft! Jeden Tag war es sonnig.
Mädchen	Warst du auf einem Campingplatz?
Rudi	Nein, im Hotel.
Mädchen	Und was hast du gemacht?
Rudi	Das Hotel war an der Küste. Ich war die ganze Zeit am Strand und im Meer. Toll!

2

Lehrer	Und jetzt hört bitte gut zu. Unsere Partnerschule in Hamburg will einen Austausch machen. Ende Februar besuchen wir die Gesamtschule Horn. Wir nehmen das Flugzeug – das ist praktisch. In Hamburg gibt es viele Sehenswürdigkeiten. Zum Beispiel machen wir eine Hafenrundfahrt und wir besuchen das alte Rathaus. Am letzten Abend gibt es natürlich eine Abschiedsparty und zwar in einer Disco im Schwimmbad! Wenn ihr mitkommen wollt, gibt es weitere Informationen hier auf dem Tisch.

3

Mädchen	Hast du immer Karneval gefeiert?
Annette	Nein, nicht immer. Früher habe ich in Norddeutschland gewohnt und da gibt's eigentlich keinen Karneval. Aber hier in Köln feiert man richtig!
Mädchen	Gibt es viele Partys?
Annette	Ja! Und wie! Da trägt man schöne Kostüme und Masken. Letztes Jahr habe ich zu Hause einen lustigen Hut für den Karneval gemacht.
Mädchen	Was macht man in der Stadt?
Annette	Es gibt Umzüge durch die Straßen. Ich sehe mir immer gern die fabelhaften Kostüme an. Leute laufen überall herum. Die Kinder haben oft bunte Luftballons in der Hand. In der Fußgängerzone gibt's laute Musik. Viele Leute tanzen und singen. Die Stimmung ist prima!
Mädchen	Und was gibt's zu essen und zu trinken?
Annette	Wurst mit Pommes, Süßigkeiten .... und viel Bier!
Mädchen	Ist Karneval nur für junge Leute?
Annette	Überhaupt nicht! Man sieht viele verschiedene Leute, von Kleinkindern bis zu Rentnern. Es ist ein richtiges Volksfest!

4

Michael	Ich bin gestern ins Reisebüro gegangen und habe viele Broschüren mit nach Hause gebracht. Schau mal hier! Wie wäre es mit einer Reise nach Schottland? Vor zwei Jahren haben wir dort viel Spaß gehabt, stimmt's?
Johanna	Schottland ... Ja, die Berge waren fabelhaft, aber die Mücken! Nein, Michael, im August kann man unmöglich nach Schottland fahren. Ich hatte so viele Mückenstiche – nie wieder!
Michael	Aber wir könnten einen Campingplatz weg vom Wasser suchen.
Johanna	Nein, kommt nicht in Frage!
Michael	OK. Vielleicht sollten wir dieses Jahr etwas Besonderes machen. Ich habe Lust, nach China zu fahren. Was meinst du?
Johanna	Nach China? Du spinnst wohl! Da muss man stundenlang im Flugzeug sitzen!
Michael	Aber China soll so interessant sein – Tempel, die chinesische Mauer ...
Johanna	Aber die Sprache sprechen wir nicht. Ich habe Angst, wenn ich die Sprache nicht spreche.
Michael	Wir könnten mit einer Reisefirma dorthin fahren. Dann gibt's sicher keine Schwierigkeiten mit der Sprache.
Johanna	Nein, Michael. Nach China will ich nicht!
Michael	Ist gut. Aber Johanna, schau dir mal diese Broschüre an! Eine griechische Insel ... das wäre sicher gut. Gemütliches Hotel, Strand, blaues Meer, Boote, Wassersport, ein bisschen Geschichte ...
Johanna	Und Sonnenbrand! Michael, du weißt, dass ich zu viel Sonne nicht leiden kann!
Michael	Wir könnten eine gute Sonnencreme und einen großen Hut für dich kaufen.
Johanna	Kommt nicht in Frage! Griechisches Essen mag ich auch nicht.
Michael	OK. Ich bin gleich wieder da.
Johanna	Wohin gehst du, Michael?
Michael	Ins Reisebüro! Wir brauchen mehr Broschüren!

© Mary Glasgow Publications 1997

Answers

DIE FERIEN

HÖREN

1. 1b 2a 3c 4a 5b

2. Monat: Februar, Transport: Flugzeug, Besichtigungen: Hafenrundfahrt/das alte Rathaus, Abschiedsparty: eine Disco im Schwimmbad

3. a✗ b✓ c✗ d✓ e✓ f✗

4. 1 Schottland – die Mücken
   2 China – stundenlang im Flugzeug sitzen/die Sprache
   3 eine griechische Insel – Sonnenbrand/griechisches Essen

SPRECHEN Example answers

1. 1 Ja, ich möchte nach Amerika fahren.
   2 Im August, wenn möglich.
   3 Ja, ich möchte nach New York fliegen.
   4 Nein, ich bleibe in der Jugendherberge.
   5 Was kostet der Flug?

2. 1 Ich war in Italien.
   2 Das war vom ersten bis zum dreizehnten Juli.
   3 Es war herrlich. Jeden Tag war es sonnig.
   4 Ich war auf einem Campingplatz.
   5 Ich bin jeden Tag zum Strand gegangen. Dort bin ich schwimmen gegangen und ich habe mit meiner Schwester gespielt.

3. Sample statements
   In den Sommerferien bin ich mit dem Zug nach Zell am See gefahren. Wir sind um drei Uhr angekommen. Ich war sehr müde, weil die Reise sehr lange gedauert hat. Wir sind sofort zum Campingplatz gegangen. Der Campingplatz lag direkt neben dem See und vom Zelt aus hatte ich eine wunderbare Aussicht über den See. Während der Woche haben wir viel unternommen. Zum Beispiel ich habe einen Segelkurs gemacht. Das hat echt Spaß gemacht, aber leider bin ich oft ins Wasser gefallen. An einem Tag bin ich auch tauchen gegangen, aber davor hatte ich ein bisschen Angst. Die Radtour am letzten Tag hat mir besonders gut gefallen, weil wir durch die Berge gefahren sind. Das Wetter war gemischt: teils sonnig und teils wolkig. Die Rückfahrt nach England war wohl eine Katastrophe, weil das Wetter sehr schlecht war. Auf dem Schiff wurde ich sehr seekrank.

LESEN

1. 1d 2b 3a 4e 5c

2. 1b 2d 3c 4b 5b

3. Spanien, Flugzeug, einen Monat, sonnig, gefallen, Sport

4. 1b 2c 3b 4c 5b 6a 7c 8b 9c 10a

SCHREIBEN Example answers

1. Reisepass, Badehose, Bücher, Fotoapparat, Sonnencreme, Geld

2. Hallo!
   Ich bin auf einem Campingplatz an der Küste! Der Campingplatz ist sehr groß und laut. Er ist gar nicht schön. Das Wetter ist stürmisch, und ich habe eine Erkältung. Es gibt hier nichts zu tun, mir ist langweilig und ich verbringe die Tage mit Lesen. Es gibt ein Dorf in der Nähe, aber ich finde das gar nicht interessant. Ich freue mich schon auf die Rückreise. Bis bald, ...

3A
In den Sommerferien bin ich mit meiner Schwester nach Wien geflogen. Wir haben bei unserer Tante gewohnt. Sie wohnt in einer schönen alten Wohnung direkt in der Stadtmitte. Jeden Tag haben wir einen Ausflug gemacht. Wien hat mir sehr gut gefallen – die alten Gebäude und die gemütlichen Kaffeehäuser waren besonders gut! An einem Tag sind wir ins Museum gegangen. Es war sehr interessant, weil es dort eine Ausstellung über die Geschichte Wiens gab. Als ich wieder bei meiner Tante war, merkte ich, dass ich meinen Geldbeutel verloren hatte. Wir sind alle sofort zum Fundbüro gegangen. Leider war mein Geldbeutel nicht dort. Ich musste ein Formular ausfüllen, aber ich glaube nicht, dass man ihn findet. Abends haben wir meistens ferngesehen oder Karten gespielt. Wir waren alle ziemlich müde, also sind wir früh ins Bett gegangen. An einem Abend sind wir in die Oper gegangen. Das war absolut fantastisch, und jetzt möchte ich Opernsänger werden! Meiner Meinung nach ist Wien eine tolle Stadt, und ich möchte gern noch einmal hinfahren.

© Mary Glasgow Publications 1997

Vokabular

DIE UNTERKUNFT

HOTEL

das Hotel (s)	hotel
die Pension (en)	guest house
das Gasthaus (-häuser)	guest house
die Halbpension	half-board
die Vollpension	full-board
die Reservierung (en)	reservation
die Broschüre (n)	brochure
die Preisliste (n)	price list
die Übernachtung (en)	overnight stay
das Einzelzimmer (-)	single room
das Doppelzimmer (-)	double room
das Badezimmer (-)	bathroom
die Dusche (n)	shower
das Restaurant (s)	restaurant
die Rezeption (en)	reception
die Sauna (s)	sauna
der Seeblick (e)	sea view
die Terrasse (n)	terrace
der Fahrstuhl (-stühle)	lift
der Schlüssel (-)	key
das Frühstücksbüfett (s)	breakfast buffet
der Garten (¨)	garden
der Parkplatz (-plätze)	parking space
die Rechnung (en)	bill

ADJECTIVES

bequem	comfortable
gemütlich	cosy
ruhig	quiet
sauber	clean
schmutzig	dirty
klimatisiert	air-conditioned
(nicht) inklusive	(not) included
privat	private
rollstuhlgerecht	wheelchair access

VERBS

sich an/melden	to sign in
bestellen, reservieren	to reserve
empfangen	to receive, welcome
leihen	to hire
übernachten	to stay the night

CAMPING

der Campingplatz (-plätze)	campsite
das Zelt (e)	tent
auf/schlagen	to put up (tent)
der Wohnwagen (-)	caravan
der Platz (¨e)	site, pitch
der Waschraum (-räume)	washroom
das Lagerfeuer (-)	camp fire
das Trinkwasser	drinking water
die Batterie (n)	battery
das Campen	camping
der Campingkocher (-)	cooking stove
der Klapptisch (-)	foldable table
die Luftmatratze (n)	air bed
der Rucksack (-säcke)	rucksack
der Schlafsack (-säcke)	sleeping bag
die Schlafmatte (n)	sleeping mat
die Taschenlampe (n)	torch
das Taschenmesser (-)	penknife
die Streichhölzer (pl)	matches

HOSTEL

die Jugendherberge (n)	youth hostel
der Herbergsvater (¨)	warden (m)
die Herbergsmutter (¨)	warden (f)
die Hausordnung (en)	house rules
das Mitglied (er)	member
die Mitgliedskarte (n)	membership card
die Bettwäsche	linen
leihen	to hire

EXTRA

die Kreditkarte (n)	credit card
die Aussicht (en)	view
der Empfang	reception
der Feuerlöscher (-)	fire extinguisher
die Gästekarte (n)	guest card
MwSt.	VAT
die Mehrwertsteuer	value added tax

© Mary Glasgow Publications 1997

Vokabular

DIE UNTERKUNFT

PROBLEMS

Die Bettwäsche ist schmutzig.	The linen is dirty.
Der Fernseher ist kaputt.	The television is broken.
Das Telefon funktioniert nicht.	The phone doesn't work.
Das Bett ist sehr unbequem.	The bed is very uncomfortable.
Die Lampe hat keine Glühbirne.	There's no bulb in the lamp.
Es gibt keine Handtücher im Badezimmer.	There are no towels in the bathroom.
Das Wasser ist kalt.	The water is cold.
Ich kann das Fenster nicht aufmachen.	I can't open the window.
Die Rechnung stimmt nicht.	The bill isn't right.

PHRASES

Haben Sie noch Zimmer frei?	Have you still got any rooms vacant?
Ich habe ein Zimmer reserviert.	I've booked a room.
Wie ist Ihr Name?	What's your name?
Kann ich bitte die Schlüssel haben?	Can I have the keys, please.
Entschuldigen Sie. Wo ist der Spielraum?	Excuse me. Where's the games room?
Ihr Zimmer ist im dritten Stock.	Your room is on the third floor.
Ich möchte ein Einzelzimmer mit Bad, bitte.	I'd like a single room with a bath, please.
Für wie viele Nächte?	For how many nights?
Was kostet ein Zimmer pro Nacht?	How much does a room cost per night?
DM 230,- pro Person.	230 marks per person.
Ist das inklusive Frühstück?	Does that include breakfast?
Um wieviel Uhr ist das Abendessen?	What time is dinner?
Kriege ich bitte die Rechnung für Zimmer 123?	Can I have the bill for room 123, please?
Frühstück ist zwischen sechs und zehn Uhr.	Breakfast is between six and ten o'clock.
Gibt es eine Ermäßigung für Kinder?	Is there a discount for children?
Hunde nicht erlaubt.	Dogs not allowed.

Wie heißt das auf Deutsch?
a single room
b bathroom
c hotel
d campsite
e shower
f double room
g key
h youth hostel
i tent
j caravan

Wie sagt man das auf Deutsch?
a I'd like a double room, please.
b Have you got any rooms free?
c How much does it cost per night?
d Is there a lift?
e Can I hire sheets here?
f I love camping.
g I hate hotels.

Vervollständige diese Sätze.
a Ich übernachte gern im Hotel, weil ...
b Meiner Meinung nach sind Hotels ...
c Ich finde Campen ...
d Ich würde gern in der Jugendherberge übernachten, weil ...
e Am liebsten übernachte ich ...

Die Antworten findest du in der Vokabelliste, oder frag deinen Lehrer/deine Lehrerin.

Hören

DIE UNTERKUNFT

1 *[F]* Was gibt es im »Hotel Flussblick«? Kreuz die vier Bilder an.

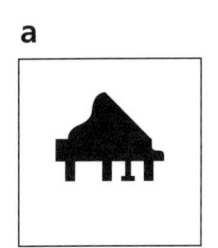

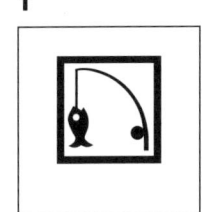

a b c d

e f g h

Quite a lot of German words sound the same as their English equivalents, so when you hear a word that sounds like English but you're not 100% sure what it means, it probably means the same as the English word. For example, Garten means garden.

2 *[F]* Zwei Gäste sind am Empfang im Hotel. Trag die Details ein.

Gast: 1
Name: ....
Wie viele Personen: ....
Wie viele Nächte: ....

Gast: 2
Name: ....
Wie viele Personen: ....
Wie viele Nächte: ....

When you read the questions before you hear the recording, try to work out who is going to give you the information you need. Here you will need to concentrate on the person making the booking as he/she will be the one to give the information for these forms.

3 *[F/H]* Der Lehrer spricht über einen Ausflug. Was müssen die Schüler mitnehmen? Schreib eine Liste.

Don't just listen out for the camping words and write them in the spaces. You also need to listen to the context. For example, the teacher may well mention items that pupils CAN'T bring on the trip, so make sure you don't write them down.

4 *[H]* Eine Gruppe meldet sich bei einer Jugendherberge an. Beantworte die Fragen auf Deutsch.

a) Für wie viele Nächte möchte die Gruppe bleiben? _____
b) Wie viele Mädchen sind in der Gruppe? _____
c) Wieviel kostet die Bettwäsche pro Nacht? _____
d) Um wieviel Uhr ist das Abendessen? _____
e) Wann macht die Jugendherberge zu? _____
f) Was kann man am Kiosk kaufen? _____

Underline key words on the question paper to remind you what you are listening for. Here you might underline Nächte, Mädchen, Bettwäsche, Abendessen, macht zu, Kiosk. When you then hear something about those words on the recording, you know that the answer is somewhere near there.

© Mary Glasgow Publications 1997

Sprechen

DIE UNTERKUNFT

1 [F] Du bist am Empfang im Hotel.

1	Gruß!	4	6
2	🛏 ?	5	DM?
3	B		

1 Guten Tag.
2 Kann ich Ihnen helfen?
3 Mit Bad oder Dusche?
4 Für wie viele Nächte?
5 Ja, das geht.
6 Das kostet sechzig Mark pro Nacht.

If you don't know how to say the exact word on the cue cards, think of another way of saying the same thing. For example, if you've forgotten the word Einzelzimmer, you could say ein Zimmer mit einem Bett.

2 [F/H] Du bist am Empfang auf dem Campingplatz.

1 Frag, ob es noch freie Plätze gibt.
2 Sag, dass du 5 Nächte bleiben möchtest.
3 Sag, dass es 4 Leute sind.
4 Beantworte die Frage. Frag, was es kostet.
5 Beantworte die Frage.
6 Beantworte die Frage.

1 Kann ich Ihnen helfen?
2 Für wie viele Nächte?
3 Und wie viele Leute?
4 Haben Sie Zelte oder Wohnwagen?
5 Es kostet fünfzig Mark pro Nacht. Geht das?
6 Haben Sie besondere Wünsche?

If you can think of further information, don't be afraid to add it. Instead of just saying Wir sind vier Personen. You could add Also, zwei Kinder und zwei Erwachsene.

3 [H] Ruf das Hotel an und reserviere zwei Zimmer für dich und deine Familie (vier Personen) per Telefon.

Name und persönliche Details?
Datum?
Details der Personen und Zimmer?
Preis?
Sonstige Wünsche?

Hotel zum Vogel

If the task asks you to give extra wishes or details (sonstige Wünsche), think of something in advance for when the examiner asks you. Here you might want to request a television in your room, or a safe parking space.

■ Beantworte diese Fragen.

Was nimmst du in einen Campingurlaub mit?

Wo übernachtest du gern?

Gefallen dir Hotels?

Was soll ein gutes Hotel haben?

Was findest du gut an einem Campingurlaub? Was ist nicht so gut?

Wie findest du Jugendherbergen?

Beschreib dein ideales Hotel.

Würdest du gern im Hotel arbeiten? Warum?

Welche Regeln gibt es oft in einer Jugendherberge?

■ Beschreib dein ideales Hotel.

Mein ideales Hotel liegt an …

Es hat …

Im Restaurant kann man …

Jedes Zimmer hat …

Die Preise sind …

Gäste können …

Lesen A

DIE UNTERKUNFT

1 [F] Was bedeuten diese Schilder?

1 Rauchen verboten _____
2 Fahrstuhl _____
3 Toiletten _____
4 Hunde erlaubt _____
5 Schwimmbad _____
6 Kinderspielplatz _____
7 Tennisplatz _____
8 Telefon _____
9 Kreditkarten akzeptiert _____

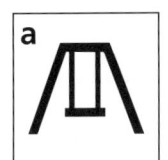

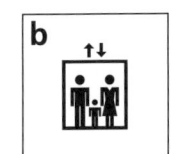

If you're matching words to pictures:
• first of all match the ones you're sure of
• then use any English-looking words to help you
• and finally use a process of elimination for the others.

2 [F/H] Lies diese Schilder und beantworte die Fragen.

HOTEL AM STRAND
gemütliches Familienhotel an der Nordseeküste bietet ruhige Urlaubmöglichkeiten.
Wir haben sechs Familienzimmer, fünf Doppelzimmer und acht Einzelzimmer. Ein Spielraum und ein Babysitting-Service stehen Ihnen ebenfalls zur Verfügung.
Ruf: 54 78 20

GASTHAUS BLAUHOF
Hier gibt es täglich gutes Essen ab 06.00 Uhr aus unserer Küche.
Alle Zimmer sind groß mit Aussicht auf die Berge.
Alle Zimmer haben Minibar, Telefon, Fernseher und Bad.
Wenden Sie sich bitte an Herrn Blau:
Tel. 83 20 64

Pension Neubau
Wir sind nur 5 Minuten von der Autobahn München-Salzburg
viele Parkplätze
günstige Preise
Reservierungen nicht immer nötig
Tel: 78 50 24

One way of answering a task where you have separate texts, is to take a question and skim read the texts to see if it could be the right answer. For example, for question a) you need to locate a text that mentions breakfast. So skim the texts to find that one, then see if it fits the description accurately. Finally, check the other two texts quickly to make sure they couldn't be the answer.

	Hotel am Strand	Gasthaus Blauhof	Pension Neubau
a) Wo kann man um sechs Uhr frühstücken?			
b) Welches Hotel ist gut für Kinder?			
c) Wo kann man vom Zimmer anrufen?			
d) Wo muss man nicht immer reservieren?			
e) Welches Hotel ist gut für Autofahrer?			
f) Welches Hotel liegt in der Nähe des Meers?			

© Mary Glasgow Publications 1997

DIE UNTERKUNFT

Lesen B

3 *[H] Lies den Text und füll die Lücken aus.*

Wer fährt mit?

Letztes Wochenende habe ich eine Radtour mit fünf Freunden aus der Gerlinger Realschule gemacht. Wir hatten es schon seit langem geplant, und am Samstag um sechs Uhr sind wir alle – ich, Thomas, Sonja, Tina und Jens – losgefahren. Wir haben Zelte und warme Schlafsäcke mitgenommen, und jeder hatte einen Rucksack dabei.

Zuerst sind wir mit dem Zug nach Rüdersheim gefahren, und dann haben wir die Tour erst richtig angefangen. Das Wetter war wunderbar, und wir waren alle gut gelaunt.

Am ersten Tag sind wir ungefähr dreißig Kilometer gefahren, bis wir an einem Campingplatz am Waldrand angekommen sind. Dort wollten wir übernachten, also haben wir drei freie Plätze gesucht und die Zelte aufgeschlagen.

Dann hat Thomas Wurst und Kartoffeln über dem Feuer gegrillt. Das war lecker. Danach haben wir Geschichten erzählt und Lieder gesungen (das hat den anderen Gästen auf dem Campingplatz nicht so sehr gefallen!).

Es war sehr gemütlich. Um zehn Uhr sind wir dann ins Zelt gegangen, um zu schlafen, denn am nächsten Tag wollten wir noch weiterfahren.

Um Mitternacht wachte ich plötzlich auf. Es war etwas im Zelt. Ich schrie ganz laut, und lief aus dem Zelt heraus.

Die anderen erschienen auf einmal. Wir standen alle im Nachthemd da! Sonja hatte eine Taschenlampe dabei, und sie leuchtete ins Zelt. Zwei grüne Augen starrten sie an. Wir guckten etwas genauer hin. Dort in der Ecke des Zeltes saß meine kleine Katze, Micki!

Sie hatte sich in meinem Rucksack versteckt, und war bei der Radtour mitgefahren! Jetzt saß sie ganz erschrocken dort.

Am nächsten Tag musste ich mit ihr wieder nach Hause fahren. Für mich und Micki war die Radtour schon zu Ende.

Felix Bauer, 14, Heimstraße, Kleinbach, Bayern

Read a longer text through once to get the gist of it, using any pictures or titles to help you. Then read the questions and see how many you can answer already. After that, go through the questions one-by-one, finding the relevant text section as you do so to find the answer.

a) Am Wochenende machte Felix .... mit seinen Freunden

b) Die Gruppe fuhr um .... am .... los.

c) Sie fuhren .... nach Rüdersheim.

d) Der Campingplatz lag ....

e) .... bereitete das Essen vor.

f) Felix wachte auf, weil ....

g) In der Nacht trugen sie alle ....

h) .... hatte eine Taschenlampe mitgebracht.

i) Im Licht sahen sie alle ....

j) Am nächsten Tag musste Felix .... wieder nach Hause bringen.

Schreiben

DIE UNTERKUNFT

1 *[F]* Schreib eine Anzeige für einen Campingplatz.

Campingplatz Eichenwald
direkt am Waldrand

- Spielplatz
- Kino
- Fahrradverleih

von Mai bis Oktober geöffnet

Campingplatz ....

....

• ....

• ....

• ....

• ....

• ....

von .... bis .... geöffnet

If you are given an example answer like here, use it to help you. Don't just copy it exactly, but change the words for new items. Here you need to think up new things at a campsite, using the example to help you.

2 *[F/H]* Du bist im Campingurlaub mit einem Freund. Schreib eine Postkarte an deine Schwester und beschreib den Campingplatz. Schreib nicht mehr als 40 Wörter.

Wie?   Wo?
Wie gefällt es dir?
Das Essen
Zelt/Wohnwagen

When you're giving your opinion about something, use words like *sehr, besonders, wirklich, gar nicht, ein bisschen* to make your writing more specific.

3 *[H]* Du willst mit deiner Familie eine Woche in Hallein, Österreich, verbringen. Schreib an das Hotel unten und reserviere Zimmer. Bitte um eine Broschüre von der Gegend. Frag, was man dort machen kann.

Wann?
Wie viele Personen?
Zimmer   Mahlzeiten
Sonstige Bedingungen

Recycle any language you are provided with to help you in your answer and look at any artwork to give you ideas, too. Here you could ask about swimming or sailing possibilities as you see the picture of the lake. Or, you could say that you had a pet to bring along as the advert says *Haustiere willkommen*.

HOTEL AM BERG
★ ★

**Familienhotel in den Bergen
Ruhige Übernachtung ohne Stress
Täglich gute Küche
Haustiere und Kinder willkommen!**

Schreiben Sie an: Frau Teig, Hotel am Berg, Kleinweg, Ossiacher am See, Kärnten, Österreich

© Mary Glasgow Publications 1997

DIE UNTERKUNFT — Tapescript

1

Frau — Hotel Flussblick hat ein Schwimmbad. Es gibt auch ein Restaurant für alle Gäste. Draussen gibt es einen großen Garten mit einem Minigolfplatz. Wir haben genug Parkplätze für alle Gäste.

2

1

Mann — Hallo. Willkommen im Hotel Berghof.
Frau — Guten Tag. Haben Sie noch Zimmer frei?
Mann — Ja, für wie viele Personen?
Frau — Vier. Zwei Erwachsene und zwei Kinder.
Mann — Moment mal ... ja, das geht noch. Wie lange möchten Sie bleiben?
Frau — Nur eine Nacht.
Mann — Alles klar. Und wie ist Ihr Name?
Frau — Roth. R O T H.

2

Frau — Hallo. Willkommen im Hotel Berghof.
Mann — Guten Tag. Ich habe ein Zimmer reserviert.
Frau — Ja, wie ist Ihr Name, bitte?
Mann — Hormuth. H O R M U T H.
Frau — Ach, ja. Herr Hormuth. Sie haben ein Doppelzimmer für zwei Personen.
Mann — Ja, wir bleiben fünf Tage.

3

Lehrer — Heute machen wir einen Ausflug in den Wald. Wer werden im Zelt übernachten, also solltet ihr alle einen Schlafsack und ein Zelt mitbringen.
Am besten packt ihr alles in einen Rucksack ein. Ihr solltet auch warme Kleidung und feste Schuhe dabei haben. Wir werden wahrscheinlich auch in der Dunkelheit unterwegs sein, also bringt bitte alle eine Taschenlampe (mit Batterien, natürlich!) mit.
Ich werde das Essen und Getränke mitbringen, aber ihr solltet alle Besteck, einen Teller und eine Tasse mitbringen – alles aus Plastik, bitte!
Ihr dürft unter keinen Umständen Walkmans, Radios und Computerspiele mitbringen.

4

Mann — Willkommen in der Jugendherberge Hügelauf.
Katja — Guten Tag. Mein Name ist Katja Weiß. Haben Sie noch Betten frei?
Mann — Für heute Nacht?
Katja — Ja, wenn möglich, und für morgen auch. Wir möchten alle zwei Nächte hier bleiben.
Mann — Wie viele Leute seid ihr denn?
Katja — Fünf. Zwei Mädchen und drei Jungen.
Mann — Seid ihr alle Mitglieder der Jugendherbergsorganisation?
Katja — Ja. Hier sind unsere Ausweise.
Mann — Sehr gut. Also, es gibt noch Betten. Könnt ihr bitte diese Formulare ausfüllen? Wenn ihr Bettwäsche braucht, kostet das fünf Mark extra.
Katja — Ach, das brauchen wir nicht. Kriegt man hier zu essen, oder muss man selber kochen?
Mann — Das Abendessen wird um halb sieben serviert. Das kostet zehn Mark. Sonst gibt es eine Küche, wo ihr selber kochen könnt. Aber ihr müsst danach abwaschen.
Katja — Ja, kein Problem. Und wann müssen wir hier morgens das Zimmer verlassen?
Mann — Frühstück ist zwischen sechs Uhr und halb neun. Um halb zehn schließen wir dann. Ihr könnt um vierzehn Uhr wieder hereinkommen.
Katja — OK. Und gibt es einen Laden in der Jugendherberge?
Mann — Es gibt ein Kiosk unten im Keller. Dort verkaufen wir Getränke, Postkarten, Süßigkeiten, usw.
Katja — Vielen Dank.

Answers

DIE UNTERKUNFT

HÖREN

1 b, d, e, g

2 1 Roth; 4 Personen; 1 Nacht
   2 Hormuth; 2 Personen; 5 Nächte

3 Schlafsack, Zelt, Rucksack, warme Kleidung, feste Schuhe, Taschenlampe, Batterien, Besteck, Teller, Tasse

4 a) 2, b) 2, c) 5DM, d) 18.30 (6.30), e) 9.30, f) Getränke, Postkarten, Süßigkeiten

SPRECHEN   Example answers

1 1 Guten Tag.
   2 Ja, haben Sie ein Einzelzimmer frei?
   3 Mit Bad, bitte.
   4 Ich möchte sechs Nächte bleiben.
   5 Was kostet das Zimmer pro Nacht?

2 1 Entschuldigen Sie. Sind noch Plätze frei?
   2 Ich möchte fünf Nächte bleiben.
   3 Wir sind vier – zwei Kinder und zwei Erwachsene.
   4 Wir haben zwei Zelte. Was kostet es pro Nacht?
   5 Ja, das ist in Ordnung.
   6 Gibt es hier eine Wäscherei?

3 Sample statements
   Hallo, hier spricht X.
   Kann ich bitte mit dem Manager sprechen?
   Ich möchte zwei Zimmer reservieren.
   Und zwar vom ersten bis zum siebten August.
   Wir sind vier in unserer Gruppe: ein Erwachsener und drei Kinder.
   Wir hätten gern ein Doppelzimmer mit Bad und zwei Einzelzimmer mit Dusche.
   Wir möchten Halbpension, bitte.
   Was kosten die Zimmer?
   Haben Sie Zimmer mit Seeblick?
   Gibt es einen Babysitting-Service im Hotel?
   Kann man dort parken?

LESEN

1 1i 2b 3c 4e 5g 6a 7h 8f 9d

2 Hotel am Strand: b, f
   Gasthaus Blauhof: a, c
   Pension Neubau: d, e

3 a) eine Radtour, b) 6 Uhr/Samstag, c) mit dem Zug, d) am Waldrand, e) Thomas, f) etwas im Zelt war, g) Nachthemden, h) Sonja, i) 2 grüne Augen, i) Micki/die Katze

SCHREIBEN   Example answers

1 Campingplatz am See, 5 Min. vom Strand, Restaurant, Grillplatz, Freibad, Minigolf, Wäscherei, vom März bis September geöffnet

2 Hallo Paul!
   Hier ist es einfach wunderbar! Der Campingplatz ist sehr groß und liegt direkt am See. Unser Zelt ist leider ein bisschen klein, aber es gefällt mir hier sehr. Jeden Abend grillen wir draußen – lecker! Heute spielen wir Tischtennis – hoffentlich gewinne ich!
   Bis bald, ...

3
                                              Bonn, 13. Mai
Sehr geehrte Frau Teig,
ich habe Ihre Anzeige in der Zeitung gesehen und möchte zwei Doppelzimmer und ein Einzelzimmer bei Ihnen reservieren. Ich möchte die Zimmer für die Zeit vom 12. bis zum 19. Mai reservieren. Wir sind fünf in der Familie: zwei Erwachsene, zwei Jungen und ein Mädchen. Wir möchten auch unseren Hund mitbringen, wenn das möglich ist. Wir brauchen nur Halbpension, aber wir sind alle Vegetarier. Hoffentlich ist das kein Problem.
Könnten Sie mir bitte eine Broschüre von der Gegend zusenden? Wir interessieren uns besonders für Wandern und Radfahren. Wenn Sie uns Näheres dazu mitteilen könnten, wäre ich Ihnen sehr dankbar.
Ich hoffe, dass Sie noch Zimmer frei haben, und ich freue mich darauf, bald wieder von Ihnen zu hören.
Mit freundlichen Grüßen, ...

© Mary Glasgow Publications 1997

DER VERKEHR — Vokabular

TRANSPORT

das Auto (s), Pkw	car
der Bus (se)	bus, coach
das Fahrrad (-räder)	bicycle
das Mofa (s)	moped
das Motorrad (-räder)	motorbike
der Lastkraftwagen (-), Lkw	lorry
das Taxi (s)	taxi
die Straßenbahn (en)	tram
DB (Deutsche Bahn)	German Railways
der Zug (¨e)	train
die S-Bahn (en)	city train
die U-Bahn (en)	underground
ICE/IC	fast trains/Intercity
das Boot (e)	boat
die Fähre (n)	ferry
das Schiff (e)	ship
das Flugzeug (e)	aeroplane
der Hubschrauber (-)	helicopter
aus/steigen	to get off
ein/steigen	to get in
reisen	to travel
trampen	to hitch hike

TRAINS

der (Haupt)bahnhof (-höfe)	(main) station
die Abfahrt (en)	departure
die Ankunft (-künfte)	arrival
das Gleis (e)	platform
der Bahnsteig (e)	platform
die Linie (n)	line
die Gepäckannahme (n)	luggage office
das Wartezimmer (-)	waiting room
der Treffpunkt (e)	meeting point
der Fahrkartenschalter (-)	ticket office
die Fahrkarte (n)	ticket
die Ermäßigung (en)	reduction
der Zuschlag (-schläge)	supplement
der Fahrplan (-pläne)	timetable
das Abteil (e)	compartment
der Platz (¨e)	seat
der Fensterplatz (¨e)	window seat
der (Nicht)Raucher (-)	(non)smoker
die Verspätung (en)	delay
einfach	single
hin und zurück	return
besetzt	occupied
direkt	direct
gültig	valid
planmäßig	scheduled
verspätet	delayed
entwerten	to date-stamp a ticket
reservieren	to reserve
um/steigen	to change
verpassen	to miss
zurück/bleiben	to stand clear

PLANES

der Flug (¨e)	flight
der Flughafen	airport
der Abflug (Abflüge)	departure
die Besatzung (en)	crew
der Kapitän (e)	captain
der Pilot (en)/die Pilotin (nen)	pilot
der Steward (s)	air steward
die Stewardess (en)	air hostess
die Bordkarte (n)	boarding card
der Zoll (¨e)	customs duty
ein/checken	to check in
fliegen	to fly
landen	to land
starten	to take off

CARS

der Fahrer (-)	driver
der Fahrgast (-gäste)	passenger
der Motor (en)	engine
der Auspuff (e)	exhaust pipe
die Batterie (n)	battery
die Bremse (n)	brake
das Kennzeichen (-)	number plate
der Kofferraum (-räume)	boot
das Lenkrad (-räder)	steering wheel
das Benzin	petrol
bleifrei	lead free
super	super, 4-star petrol
tanken	to fill up with petrol
das Öl	oil
der Reifen (-)	tyre
die Reifenpanne (n)	puncture
der Scheinwerfer (-)	headlamp
der Scheibenwischer (-)	windscreen wiper
der Sicherheitsgurt (e)	seatbelt
die Windschutzscheibe (n)	windscreen

ROADS

© Mary Glasgow Publications 1997

Vokabular

DER VERKEHR

die Ausfahrt (en)	exit (on motorways)
die Autobahn (en)	motorway
die Landstraße (n)	B-road
die Raststätte (n)	service area
die Selbstbedienung, SB	self-service station
die Tankstelle (n)	petrol station
die Vorfahrt	priority

DIRECTIONS

der Kilometer (-)	kilometre
die Meile (n)	mile
geradeaus	straight on
links	left
rechts	right
an der Ampel	at the traffic lights
an der Kreuzung	at the crossroads
über die Brücke	over the bridge

EXTRA

der Dampfer (-)	steamship
das Luftkissenboot (e)	hovercraft
das Verkehrsmittel (-)	mode of transport
der Gepäckträger (-)	porter
der Kontrolleur (e)	ticket inspector
der Schlafwagen (-)	sleeping compartment
der Speisewagen (-)	buffet car
die Verbindung (en)	connection
der Führerschein (e)	driving licence
die Parkgebühren (pl)	parking fees
der Parkschein (e)	parking ticket
der Stau (s)	traffic jam
die Geschwindigkeit	speed
die Verkehrspolizei	traffic police
der Fußgänger (-)	pedestrian
die Richtung (en)	direction

PHRASES

Ich fahre oft mit dem Rad.	I often go by bike.
Ich fahre mit der U-Bahn zur Schule.	I go to school by underground.
Gestern bin ich zu Fuß in die Stadt gegangen.	I walked to town yesterday.
Eine Karte nach Köln, bitte, einfach.	A single ticket to Cologne, please.
Zweimal hin und zurück nach Bonn, bitte.	Two return tickets to Bonn, please.
Erster oder zweiter Klasse?	First or standard class?
Wann fährt der nächste Zug nach München?	When is the next train to Munich?
Muss ich umsteigen?	Do I have to change?
Sie müssen in Berlin umsteigen.	You have to change in Berlin.
Von welchem Gleis fährt der Zug ab?	Which platform does the train leave from?
Der Zug nach Paris hat zehn Minuten Verspätung.	The train to Paris is ten minutes late.
Entschuldigen Sie, bitte. Wie komme ich zum Hotel?	Excuse me, please. How do I get to the hotel?
Nehmen Sie die erste Straße rechts/links.	Take the first street on the right/left.
Ist es weit?	Is it far?
Nein, es ist ganz in der Nähe.	No, it's very close by.
Das Hotel liegt auf der rechten Seite.	The hotel is on the right-hand side.
Gehen Sie über die Brücke.	Go over the bridge.

Wie sagt man das auf Deutsch?
a I usually travel by car.
b I walk to school every day.
c The plane from Munich is an hour late.
d I'm going by train to Hamburg. Do I have to change?
e The plane will take off in five minutes.
f The headlamps on my car aren't working.
g My bike has a puncture.

Vervollständige diese Sätze.
a Ich fahre nach Deutschland. Ich fahre mit ...
b Wenn ich in die Schule muss, fahre ich ...
c Ich brauche eine Fahrkarte. Wo ist ...?
d Muss ich ... für diesen Zug bezahlen?
e Ach, nein! Mein Auto hat ...
f Es tut mir Leid, dass ich so spät komme. Aber ...

Die Antworten findest du in der Vokabelliste,
oder frag deinen Lehrer/deine Lehrerin.

© Mary Glasgow Publications 1997

DER VERKEHR

Hören

1 *[F]* Hör zu. Wann fährt der Zug ab?

a) 07.00   b) 08.00   c) 10.00   d) 17.00

Concentrate on the time you hear. Keep saying it over and over again in your head until you are sure of the correct answer.

2 *[F]* Welche Buslinie fährt zum Sportzentrum?

Nummer: _____

Concentrate on the number here, by saying it in your head until you have decided on your answer.

3 *[F/H]* Wie kommen Steffi, Rainer, Kurt und Naomi zur Schule? Schreib die Namen neben die Bildern.

a) ....

c) ....

b) ....

d) ....

Just write in a quick initial at first and add the rest of the name when you have time.

4 *[F/H]* Wo ist das? Schreib die passenden Buchstaben auf den Stadtplan.

du bist hier

Trace the route described with a pencil or your finger as you listen to the tape. This will help you to concentrate.

5 *[H]* Du machst eine Tour in Hamburg. Richtig (✓) oder falsch (✗)?

a) Die Tour dauert zweieinhalb Stunden.

b) Der Treffpunkt für die Tour ist am Rathaus.

c) Das kalte Büffet ist in einem schönen Restaurant.

d) Die Touristen müssen das Mittagessen selbst bezahlen.

e) Der Stadtführer hat keine Zeit für Kaffee und Kuchen.

Things don't come on a plate at this level! Don't be put off if you don't hear exactly what you want. For example You won't hear the word *Stunden* or *Treffpunkt*.

102 © Mary Glasgow Publications 1997

Sprechen

DER VERKEHR

1 *[F]* Du bist am Fahrkartenschalter im Kölner Bahnhof.

1 Bonn: ab?	4 1 →
2 Bonn: an?	5 Gleis?
3 Umsteigen?	

1 Um halb elf.
2 Um zwanzig nach elf.
3 Nein, der Zug fährt direkt.
4 Das macht sechzig Mark, bitte.
5 Von Gleis Nummer drei.

Be ready to ask questions as well as answer them. Have a list of question words ready in your head: *Wie? Wann? Wo?*

2 *[F/H]* Du bist im Urlaub in Hamburg. Deine Brieffreundin wohnt in Hamburg, und du möchtest sie treffen. Ruf sie an.

1 Sag, wer du bist und warum du in Hamburg bist.
2 Sag, wann du in Hamburg angekommen bist.
3 Beantworte die Frage.
4 Frag nach einem Treffpunkt.
5 Frag wie man dahin kommt.

1 Toll! Seit wann bist du in Hamburg?
2 Wie bist du nach Hamburg gekommen?
3 Wir treffen uns, nicht wahr?
4 Bei mir zu Hause? Wie wäre es mit morgen?
5 Fahr zur U-Bahnstation Hof. Ich treffe dich dort um zehn Uhr.

3 *[H]* Du arbeitest in einem Hotel in London. Ein deutscher Tourist will mit seiner Familie Legoland besuchen. Letztes Jahr hast du Legoland besucht. Beantworte seine Fragen.

LEGOLAND
Getting there: By train from Paddington to Windsor; special coach services from Windsor station; huge carparks available; ring for details of special train and entry tickets
Opening times: Daily from 10 am
Facilities: Shops, phones, cash machines, first aid centre, toilets, restaurants, baby care centre, kennels
Events: Magic shows, water stunt show, puppet theatre, Europe miniland

Spend your preparation time usefully. The tourist is bound to ask you how to get to Legoland and what there is to do there, so work out the various possibilities and be ready to say what you would recommend. You are told that you visited Legoland last year, so be ready to describe how you got there and what you thought of the attraction. Just use your imagination!

■ **Beantworte diese Fragen.**

Wie kommst du zur Schule?

Fährst du lieber mit dem Auto oder mit dem Bus? Warum?

Wie kann man von Großbritannien nach Deutschland fahren?

Sind die Transportmöglichkeiten in deiner Gegend gut?

Was könnte man während einer langen Zugreise machen?

Beschreib eine Zugreise, die du gemacht hast.

Man soll weniger mit dem Auto fahren. Was meinst du dazu?

■ **Wo warst du letztes Jahr im Urlaub? Beschreib die Reise.**

Abfahrt?

Transport?

Meinung?

Aktivitäten unterwegs?

Ankunft?

Preis – günstig?

© Mary Glasgow Publications 1997

DER VERKEHR

Lesen A

1 *[F]* Wann kann man eine Stadtrundfahrt machen?

a) einmal pro Woche
b) jeden Tag
c) jeden Freitag

Stadtrundfahrten: Täglich vom Verkehrsamt

The key word here is täglich. *If you don't know what it means, don't waste exam time checking it in a dictionary. The question is only worth one mark. Look instead for clues. Can you see the similarity between* täglich *and* Tag?

2 *[F]* Was bedeuten diese Symbole am Bahnhof? Schreib die richtigen Nummern auf.

1 Warteraum _____
2 Gepäckschließfächer _____
3 Auskunft _____
4 Fahrkartenschalter _____
5 Imbissstube _____
6 Fahrstuhl _____

a b c d e f

Break up some of the longer words to help you understand the meaning: Warte/raum, Fahrkarten/schalter.

3 *[F/H]* Lies den Brief. Sind die Sätze unten richtig (✓) oder falsch (✗)?

> Wolfenbüttel, 2. Juni
>
> Liebe Tante Heidi!
> Wir kommen zu Besuch! Wir haben gerade einen Familienpass für die Deutsche Bahn gekauft, und jetzt kann die Familie zum halben Preis in ganz Deutschland mit dem Zug fahren. Toll! Der Familienpass ist für Familien mit ein oder zwei Kindern, die unter 18 Jahren sind, zu Hause wohnen und unverheiratet sind. Das sind Mutti, Vati, Torben und ich!
> Mit dem Pass, den wir hier in der Stadt gekauft haben, bekommen wir 50% Ermäßigung für alle Fahrten erster und zweiter Klasse. Natürlich fahren wir zweiter Klasse!
> Mit diesem Pass haben wir genug Geld, nach Lübeck zu fahren, um dich zu besuchen. Wir freuen uns sehr darauf! Wann können wir kommen? Nächste Woche? Unser Pass ist für ein Jahr gültig.
> Schreib bald wieder!
> Deine Nichte, Hannelore
>
> HANNELORE BAUER

Underline the key features of the Familienpass *in the letter. This will help you to find the answers more efficiently.*

a) Mit dem Familienpass kann man zum halben Preis fliegen. _____
b) Es gibt drei Personen in Hannelores Familie. _____
c) Man bekommt 50% Ermäßigung für Fahrkarten erster Klasse. _____
d) Die Familie hat den Familienpass in Wolfenbüttel gekauft. _____
e) Nächsten Januar muss die Familie einen neuen Familienpass kaufen. _____
f) Ein Kind mit 17 Jahren, das nicht bei seinen Eltern wohnt, darf den Familienpass nicht benutzen. _____

© Mary Glasgow Publications 1997

Lesen B

DER VERKEHR

4 *[H]* Lies den Text und beantworte die Fragen auf Englisch.

Autofahren ist gefährlich!

In Deutschland darf man mit achtzehn Jahren den Führerschein für Autos und Motorräder machen. Die meisten jungen Leute üben achtzehn bis zwanzig Stunden mit der Fahrschule im Straßenverkehr. Anschließend gibt es eine praktische und eine theoretische Prüfung. Ist man sofort ein perfekter Fahrer? Nein! Erst nach fünf Jahren, meinen die Experten.

Jeder zweite Jugendliche, der in Deutschland ums Leben kommt, stirbt bei einem Verkehrsunfall.

Autofahren macht mobil!

Immer mehr Jugendliche haben schon mit achtzehn ihren Führerschein und dann benutzen sie das Familienauto oder manche kaufen sich sogar ein eigenes Auto. Besonders an Wochenenden und in ländlichen Regionen verunglücken junge Fahrer mit ihren Autos und Motorrädern. Wenn man auf dem Lande wohnt, braucht man unbedingt ein Auto, meinen die meisten. Denn Sportanlagen, Diskotheken und andere Freizeitmöglichkeiten gibt es nicht in der Nähe, und die Transportverbindungen sind oft schlecht in den Dörfern.

Autounfälle!

Die meisten Unfälle der 18-24 jährigen, die sogenannten Disko-Unfälle, passieren am Wochenende. Es fehlt an Erfahrung. Man fährt in fröhlicher Stimmung nach Hause. Oft sind viele Freunde im Auto. Die Musik wird voll aufgedreht. Der Fahrer hat Alkohol getrunken. Das schlimme Ergebnis liest man jeden Montag in der Regionalzeitung.

Unfälle vermeiden!

In vielen Gegenden aber versucht man, die Disko-Unfälle zu vermeiden. In Lübeck zum Beispiel fahren jedes Wochenende Busse von der Stadt zu einer Großdiskothek in Groß Weeden. Die Fahrt ist freitags kostenlos, samstags kostet sie nur zwei Mark hin und zurück. Die restlichen Kosten für den Bus bezahlt der Besitzer der Diskothek.
Es geht auch ohne Auto, aber die jungen Leute brauchen solche Initiativen in mehreren Gegenden.

---

a) According to experts, when does a young person begin to be a safe driver? [1]

b) What percentage of deaths involving young people relate to road accidents? [1]

c) What are three possible causes of these accidents? [3]

d) Why do so many accidents happen at weekends and in rural areas? [2]

e) Explain the initiative in Lübeck. [3]

Look at the marks for each question and make sure that you give enough information to earn the points.

© Mary Glasgow Publications 1997

Schreiben

DER VERKEHR

1 *[F]* Deine Klasse erzählt, wie sie zur Schule kommt. Beschreib die Resultate für deine deutsche Austauschklasse.

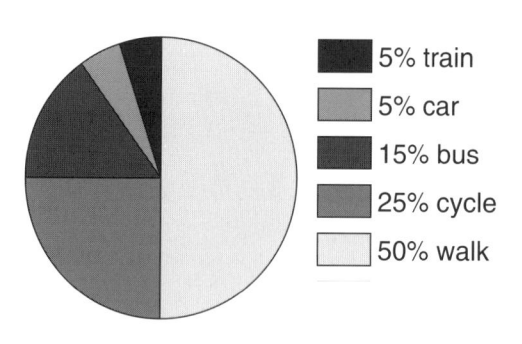

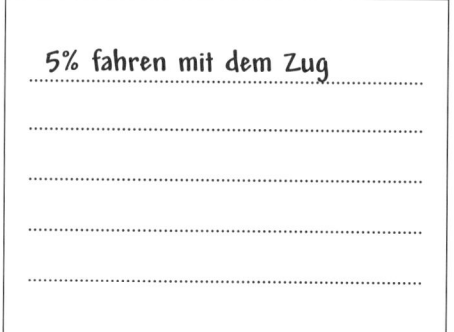

- 5% train
- 5% car
- 15% bus
- 25% cycle
- 50% walk

5% fahren mit dem Zug
....
....
....
....

Don't miss anything out. Follow the pattern of the example and tick off each section as you write the sentence.

2 *[F/H]* Was bietet deine Gegend den Touristen? Schreib einen kurzen Bericht (ungefähr 80 Wörter) für deine Partnerschule.

Sehenswürdigkeiten
Aktivitäten
Transportverbindungen
Nachtleben
Unterkunft

At the end of a writing task, it is worth going back over what you have written to check word order:
In X gibt es ...
In X kann man ...

3 *[H]* Entweder Aufgabe A
Du hast zwei Wochen bei einer deutschen Familie verbracht. Jetzt bist du zu Hause. Schreib einen Brief an die Familie, um dich bei ihr zu bedanken und um deine schreckliche Rückfahrt zu beschreiben. Gib so viele Informationen über die Reise wie möglich.

Oder Aufgabe B

zu Besuch. Leider kannst du sie nicht am Bahnhof treffen. Schreib einen Brief.

Deine Brieffreundin kommt bald

Warum nicht?
Wie kommt man vom Bahnhof zu deinem Haus?
Aktivitäten fürs Wochenende
Wie kommt man dahin?

Read the rubric carefully. Words like *schrecklich* and *leider* are important, as they will affect the way in which you write your letter.

Tapescript

DER VERKEHR

1

Mann — Der nächste Zug fährt um siebzehn Uhr ab Gleis acht.

2

Mann — Wie komme ich am besten zum Sportzentrum?
Frau — Zum Sportzentrum? Das ist ziemlich weit! Am besten fahren Sie mit dem Bus.
Mann — Mit dem Bus?
Frau — Ja, Linie fünfzehn. Der Bus fährt direkt zum Sportzentrum.

3

Junge — Wie kommst du zur Schule, Steffi?
Steffi — Ich wohne ziemlich weit weg von der Schule. Ich muss mit dem Bus fahren.

Mädchen — Wie kommst du zur Schule, Rainer?
Rainer — Ich fahre mit dem Rad, auch wenn es regnet!

Mädchen — Und du, Kurt? Wie kommst du zur Schule?
Kurt — Zur Schule? Ich fahre mit dem Zug.
Mädchen — Fährst du immer mit dem Zug?
Kurt — Ja, natürlich. Ich wohne dreißig Kilometer von der Schule entfernt!

Junge — Und du, Naomi? Kommst du mit der U-Bahn?
Naomi — Nein, ich komme mit dem Taxi.
Junge — Mit dem Taxi? Ist das nicht teuer?
Naomi — Nein, mein Vater ist Taxifahrer!

4

Frau — Entschuldigen Sie, bitte. Wie komme ich zum Supermarkt?
Mann — Das ist ganz einfach. Nehmen Sie die erste Straße rechts, und der Supermarkt ist auf der linken Seite.
Frau — Erste Straße rechts und der Supermarkt ist auf der linken Seite. Dankeschön.

Mann — Entschuldigung! Ich möchte zum Park. Wie komme ich dorthin?
Frau — Zum Park? Gehen Sie hier geradeaus. An der Ampel gehen Sie rechts, und der Park ist auf der rechten Seite.
Mann — Rechts an der Ampel?
Frau — Ja, und der Park ist auf der rechten Seite.

Mann — Entschuldigen Sie. Wie komme ich am besten zur Kirche?
Frau — Zur Kirche? Die Kirche ist auf der linken Seite, nur fünfzig Meter von hier.

Mann — Guten Tag! Können Sie mir bitte helfen? Ich suche die Post.
Frau — Die Post? ... Moment mal ... Ach ja, an der ersten Kreuzung gehen Sie links, und die Post ist auf der rechten Seite.

Mann — Entschuldigung! Ich möchte Blumen kaufen. Gibt es einen Blumenhändler hier in der Nähe?
Frau — Ja! Gehen Sie hier geradeaus. Nehmen Sie die zweite Straße links und der Blumenhändler ist auf der rechten Seite.
Mann — Vielen Dank.

5

Frau — Die Hamburg Schnell-Tour dauert etwa neunzig Minuten. Der Ausgangspunkt für die Tour ist das Verkehrsamt. Zuerst besichtigen wir das alte Rathaus. Dann, gegen dreizehn Uhr, machen wir eine kurze Hafenrundfahrt. Die Kosten für das Schiff und das kalte Büffet an Bord sind schon im Preis der Führung inbegriffen. Zum Schluss fahren wir zum Fernsehturm, von wo aus man einen wunderschönen Blick auf die Großstadt hat.
Wenn Sie noch Zeit haben, empfehlen wir Kaffee und Kuchen im hohen Drehrestaurant. Leider muss der Tourleiter dann zurück zum Verkehrsamt.

© Mary Glasgow Publications 1997

DER VERKEHR

Answers

HÖREN

1. d) 17.00
2. 15
3. a) Rainer, b) Steffi, c) Naomi, d) Kurt
4. 6a 4b 9c 5d 1e
5. a✗ b✗ c✗ d✗ e✓

SPRECHEN Example answers

1.
   1. Wann fährt der nächste Zug nach Bonn?
   2. Und wann kommt der Zug in Bonn an?
   3. Muss ich umsteigen?
   4. Also, eine Karte nach Bonn, bitte, einfach.
   5. Von welchem Gleis fährt der Zug ab?

2.
   1. Hallo, Claudia. Hier spricht Jo. Ich bin im Urlaub in Hamburg!
   2. Seit Montag. Ich bleibe bei meiner Tante in der Nähe vom Hafen.
   3. Ich bin mit der Fähre nach Calais gefahren, und dann weiter mit dem Zug nach Hamburg.
   4. Ja, klar! Wo treffen wir uns?
   5. Toll! Wie kommt man dahin?

3. Sample statements

   Ja, das ist eine gute Idee! Letztes Jahr bin ich dorthin gefahren. Es war super!
   Ich bin mit meiner Familie mit dem Auto gefahren. Es gibt große Parkplätze dort. Wenn Sie kein Auto haben, können Sie mit dem Zug fahren. Zuerst sollten Sie mit der U-Bahn nach Paddington fahren. Von dort aus können Sie mit dem Zug nach Windsor fahren. Wenn Sie in Windsor ankommen, können Sie mit dem Legoland-Bus hinfahren.
   Sie können den ganzen Tag dort verbringen, weil immer was los ist. Zum Beispiel gibt es Zaubershows, Wassertheater und auch ein ganzes Europa Miniland. Für Kinder ist es besonders gut, glaube ich.

LESEN

1. b
2. 1d 2f 3a 4e 5b 6c
3. a✗ b✗ c✓ d✓ e✗ f✓
4. a) after 5 years, b) 50%, c) lack of experience, a lot of friends in the car, loud music, the driver has drunk alcohol (any 3), d) because a lot of people in the country need cars to drive to discos etc, e) buses are subsidised by the disco owners at the weekend to take young people to and back from discos; free on Friday and 2 marks on Saturday

SCHREIBEN Example answers

1. 5% fahren mit dem Auto. 15% fahren mit dem Bus. 25% fahren mit dem Rad. 50% gehen zu Fuß.

2. Meine Gegend ist sehr gut für Touristen. Es gibt ein altes Schloss am Berg und auch einige historische Gebäude. Wir haben viele Wanderwege ganz in der Nähe, und im Winter kann man immer Ski laufen. Sie können entweder mit dem Zug oder mit dem Auto hierher fahren. Leider gibt es keine Busse. Jeden Freitagabend ist eine Disco in der Stadthalle. Ab und zu gibt es auch Konzerte oder Theaterstücke. Wenn Sie hier übernachten möchten, können Sie in einem gemütlichen Gasthaus mitten im Dorf bleiben.

3A   London, 5. April
Hallo ihr!
Zuerst möchte ich mich recht herzlich bei euch bedanken! Die Woche bei euch hat mir echt gut gefallen, und es hat mir sehr viel Spaß gemacht. Ich glaube auch, dass mein Deutsch besser geworden ist! Leider war die Rückreise nach England eine totale Katastrophe! Wie ihr schon wisst, war der Zug ab Mainz schon ein bisschen verspätet, aber leider ist er nach einer halben Stunde stehengeblieben. Angeblich gab es ein Problem, und nach einigen Minuten sind wir sehr langsam zum nächsten Bahnhof gefahren. Dort mussten wir alle aussteigen und auf dem Gleis warten. Vierzig Minuten mussten wir warten, bis ein anderer Zug kam. Es war sehr kalt, und ich war sauer! Endlich sind wir losgefahren, aber leider habe ich die Verbindung nach Paris nicht erwischt. Ich habe den letzten Zug nach Paris genommen, aber es war schon zu spät, um nach London weiterzufahren. Gott sei Dank habe ich eine Cousine in Paris, also habe ich bei ihr übernachtet, und bin dann früh am nächsten Tag nach Hause gekommen. Das nächste Mal fliege ich sicher! Bis bald, …

© Mary Glasgow Publications 1997

Vokabular

DIE UMWELT

COUNTRIES

Deutschland	Germany
Österreich	Austria
die Schweiz	Switzerland
Großbritannien	Great Britain
England	England
Schottland	Scotland
Wales	Wales
Irland	Ireland
Frankreich	France
Belgien	Belgium
Holland	Holland
Finnland	Finland
Dänemark	Denmark
Norwegen	Norway
Schweden	Sweden
Griechenland	Greece
Italien	Italy
Portugal	Portugal
Spanien	Spain
Polen	Poland
die Türkei	Turkey
Ungarn	Hungary
Russland	Russia
die Vereinigten Staaten	USA
Japan	Japan
Kanada	Canada
die Karibik	Caribbean
Neuseeland	New Zealand
Australien	Australia
China	China
Indien	India
Afrika	Africa
Amerika	America
Asien	Asia
Europa	Europe

NATIONALITY

deutsch	German
österreichisch	Austrian
schweizerisch	Swiss
englisch	English
britisch	British
schottisch	Scottish
irisch	Irish
französisch	French
italienisch	Italian
portugiesisch	Portuguese
spanisch	Spanish
türkisch	Turkish
belgisch	Belgian
dänisch	Danish
griechisch	Greek
holländisch	Dutch
chinesisch	Chinese
indisch	Indian
japanisch	Japanese
russisch	Russian

WEATHER

Es ist ...	It's ...
heiß	hot
warm	warm
mild	mild
heiter	bright
sonnig	sunny
trocken	dry
schlecht	bad
kalt	cold
bedeckt	overcast
bewölkt, wolkig	cloudy
neblig	foggy
nass	wet
regnerisch	rainy
stürmisch	stormy
windig	windy
Es blitzt.	It's lightning.
Es donnert.	It's thundering.
Es friert.	It's freezing.
Es hagelt.	It's hailing.
Es nieselt.	It's drizzling.
Es regnet.	It's raining.
Es schneit.	It's snowing.

FORECAST

der Frost	frost
das Glatteis	black ice
20 Grad	20 degrees
der Himmel	sky
die Hitze	heat
die Hitzewelle (n)	heatwave
die Kälte	cold
das Klima	climate
der Nebel	fog

© Mary Glasgow Publications 1997

Vokabular

DIE UMWELT

der Regen	rain
der Regenbogen (¨)	rainbow
der Schauer (-)	shower
der Schnee	snow
der Sonnenschein	sunshine
der Sturm (¨e)	storm
die Temperatur (en)	temperature
das Wetter	weather
die Wettervorhersage (n)	weather forecast
der Wind	wind

THE EARTH

der Abfall (Abfälle)	rubbish
das Altpapier	waste paper
der Glascontainer (-)	bottle bank
der Komposthaufen (-)	compost heap
das Biogemüse	organic vegetables
die Mehrwegflasche (n)	re-usable bottle
der Müll	rubbish
das Ozonloch	hole in ozone layer
der grüne Punkt	green dot (awarded to some packaging)
saurer Regen	acid rain
der Regenwald (¨er)	rain forest
der Smog	smog
der Treibhauseffekt (e)	greenhouse effect
die Umwelt	environment
der Umweltschutz	environmental protection
die Luftverschmutzung	air pollution

ADJECTIVES

bedroht	threatened
geschützt	protected
industriell	industrial
umweltfreundlich	environmentally friendly
verschmutzt	polluted
verseucht	contaminated

VERBS

aussterben	to become extinct
den Abfall trennen	to sort the rubbish
Energie sparen	to save energy
recyceln	to recycle
retten	to save
schädigen	to damage
schützen	to protect

EXTRA

feucht	damp
herrlich	glorious
schwül	humid
trüb	dull
der Hochdruck	high pressure
das Sauwetter	very bad weather
der Schatten	shade
der Tiefdruck	low pressure
niederschlagsfrei	dry
vereinzelt	scattered
zeitweise	at times

PHRASES

Wie ist das Wetter?	What's the weather like?
Und nun die Wettervorhersage für morgen.	And now tomorrow's weather forecast.
Ich bin Mitglied einer Umweltgruppe.	I'm a member of an environmental group.
Meiner Meinung nach zerstören wir unsere Welt.	I think we're ruining our world.

Schreib die Wörter richtig auf.

Mehrweg — flasche
Ozon — loch
Alt — papier
Umwelt — schutz
Kompost — haufen
Treibhaus — effekt
Hoch — druck

Wie sagt man das auf Deutsch?

a It's raining today.
b It was really hot yesterday.
c What's the weather like?
d It's sunny and warm.
e It's cold and cloudy.
f I think it might snow.
g If it rains, we'll go to the cinema.

Die Antworten findest du in der Vokabelliste, oder frag deinen Lehrer/deine Lehrerin.

Hören

DIE UMWELT

1 *[F]* Diese jungen Leute sagen, wo sie leben. Schreib das Land auf.

1 Darren _____

2 Rachel _____

3 Carola _____

4 Daniel _____

5 Klaus _____

Unless the question tells you to answer in English, *auf Englisch*, always write your answer in German.

2 *[F]* Irene war gerade in der Schweiz. Das Wetter war sehr gemischt. Was passt zusammen? Trag die richtigen Buchstaben ein.

Mo. _____
Di. _____
Mi. _____
Do. _____
Fr. _____
Sa. _____

Sometimes you need to listen out for two bits of information for the answer. Here you need to understand the day of the week as well as the type of weather to be able to answer the question fully.

3 *[F/H]* Vier Jugendliche sprechen über die Umwelt. Sind sie umweltfreundlich oder nicht? Füll die Tabelle aus.

Umweltfreundlich	Nicht umweltfreundlich
1.	
2.	
3.	
4.	

You don't always have to understand every word on the recording to answer the question. Here the tone of voice and the sorts of phrases used might tell you whether the person is interested in the environment or not. So even if you don't understand exactly what they say, you'll still be able to do the activity.

4 *[H]* Hör die den Wetterbericht an. Mach Notizen auf Englisch.

The North
_____
_____

The South
_____
_____

The East
_____
_____

The West
_____
_____

You don't have much time when listening to the recording, especially when you need to get a lot of information. So, while you listen, make notes in English or German to help you, using abbreviations or symbols. You can then write the answer in full at the end.

© Mary Glasgow Publications 1997   **111**

DIE UMWELT — Sprechen

1 *[F]* Du bist im Urlaub. Du rufst einen Freund an.

1. Gruß!
2. (Wetter-Symbol)
3. (Wasser-Symbol)
4. X
5. Gruß!

1 Hallo.
2 Wie ist das Wetter?
3 Was machst du?
4 Gefällt es dir dort?
5 Bis nächste Woche!

Listen really carefully when the examiner asks you a question. Don't just presume you know what he/she is going to ask you. Once you've heard the question, answer it fully, giving as many details as you can.

2 *[F/H]* Sieh dir die Wettervorhersage an, und ruf eine Freundin an. Plan das Wochenende.

Sa. 10°
So. 16°

Was machen wir?
Wann treffen wir uns?
Wo treffen wir uns?
Und wenn es schön ist?
Und wenn es regnet?

3 *[H]* Letztes Wochenende hast du bei einer Umwelt-Aktion gegen eine neue Straße teilgenommen. Erklär, was du gemacht hast.

Fr. Poster machen/Demonstration gegen neue Straße – Rathaus Haupteingang – Polizei – keine Probleme
Sa. Treffpunkt am Bauwerk – gegen neue Straße – 1 000 Leute – singen, marschieren – Fernsehteams – Journalisten – aufregend – erfolgreich?
So. Wieder am Bauwerk – noch mehr Leute (alte/junge) – kalt – gut – weitere Pläne machen

As you revise for the actual exam, record yourself speaking German on to a cassette. Listen to your talk with a friend, and try to improve the pronunciation. If you feel confident about speaking before you go into the exam, you'll probably do better.

■ Beantworte diese Fragen.

Wie ist das Wetter heute?

Was ist dein Lieblingswetter?

Welche Länder möchtest du besuchen?

Was gibt es an der Küste?

Was gibt es auf dem Land?

Was machst du am Wochenende, wenn schlechtes/gutes Wetter ist?

Beschreib deine Umgebung ein bisschen.

Wo würdest du am liebsten wohnen? Warum?

Was für Probleme hat die Umwelt heute?

Wie hilfst du der Umwelt?

■ Du machst dir viele Sorgen über die Umwelt. Besonders über das Müllproblem. Beschreib das Problem, und was man dagegen machen kann.

Ich finde das Müllproblem ...

Jeden Tag werfen wir ... weg.

Man soll ...

Wenn jede Person ...

Um das Müllproblem zu lösen, muss man ...

Es gibt zuviel Verpackung – man sollte ...

© Mary Glasgow Publications 1997

Lesen A

DIE UMWELT

1 *[F]* Welche Länder sind in Europa? Kreuze sie an.

Asien　　　＿＿＿＿　　　Frankreich　　　＿＿＿＿

Deutschland　＿＿＿＿　　Kanada　　　　＿＿＿＿

Großbritannien ＿＿＿＿　Italien　　　　 ＿＿＿＿

Australien　　＿＿＿＿　　Neuseeland　　＿＿＿＿

A lot of German words look like their English meanings. Here, you can probably guess most of the countries just from knowing the English. So even if you haven't learnt the word, you'll still know what it means.

2 *[F]* Was passt zusammen?

1 Es ist heiß. ＿＿＿
2 Es ist kalt. ＿＿＿
3 Es ist sonnig. ＿＿＿
4 Es donnert. ＿＿＿
5 Es regnet. ＿＿＿
6 Es ist wolkig. ＿＿＿
7 Es ist windig. ＿＿＿
8 Es ist neblig. ＿＿＿
9 Es schneit. ＿＿＿

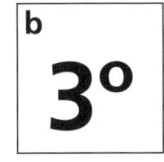

Make sure you go into the exam well prepared. There's no point going in if you haven't learnt any vocabulary beforehand – you won't be able to guess everything. Make vocabulary learning a key part of your revision.

3 *[F/H]* Lies den Text und beantworte die Fragen.

Urlaub in Wien!
Die schöne österreichische Hauptstadt an der Donau grüßt euch alle!
- ■ *Entdecke unsere Geschichte*
- – der kaiserliche Reichtum
- – die Zerstörung durch den Zweiten Weltkrieg
- – die Verbindung mit Europa
- ■ *Genieße unsere Traditionen*
- – Kaffee und Kuchen
- – wunderbare Abende in der Oper
- – Museen und Gallerien
- ■ *Genieße die Landschaft rundherum*
- – der Wienerwald
- – die Weinberge
- – viele Sportmöglichkeiten ganz in der Nähe

Wien hat ja alles!

Quite often, texts are broken up into sections, or like here they have headings. Use any headings to help you locate the answers to the questions. Here you can locate the answer to question c) quickly once you see the word *Traditionen* in the heading.

a) Wo liegt Wien? ＿＿＿＿＿＿＿＿＿＿＿＿＿＿

b) Welcher Krieg hat Wien zerstört? ＿＿＿＿＿＿＿＿＿＿＿＿＿＿

c) Nenn eine Wiener Tradition. ＿＿＿＿＿＿＿＿＿＿＿＿＿＿

d) Was gibt es für sportliche Leute in der Nähe? ＿＿＿＿＿＿＿＿＿＿＿＿＿＿

© Mary Glasgow Publications 1997

DIE UMWELT

Lesen B

4 *[H]* Lies den Text und trag die Namen unten ein.

Wie hilfst du der Umwelt?

Ich bin Mitglied einer Aktions-Gruppe an der Schule. Wir treffen uns einmal in der Woche und diskutieren die Umweltprobleme, z.B Saurer Regen, zuviel Müll, zu viele Autos auf der Straße, usw. Wir schreiben oft Briefe an Politiker, oder wir organisieren Demonstrationen in der Stadt. Marieke, 17

Ich wohne auf dem Land, und hier ist das Leben sehr gesund. Wir haben keine Umweltprobleme, also mache ich mir keine Sorgen darüber. Meine Mutter kauft immer Biogemüse beim Bauernhof ein, und wir fahren überall mit dem Rad hin, weil wir uns kein Auto leisten können. So helfen wir vielleicht doch der Umwelt – aber unabsichtlich. Simon, 16

Ich bin sehr umweltfreundlich, und benutze immer recyceltes Papier für die Schule. Ich fahre so oft wie möglich mit dem Rad, aber meine Eltern sind schrecklich – sie haben beide ihr eigenes Auto und fahren nie mit den öffentlichen Verkehrsmitteln. Das ärgert mich sehr. Anna, 17

Ich möchte später bei einer Umweltorganisation arbeiten. Ich glaube, dass wir langsam unsere Welt kaputt machen – die Wälder sterben, viele Tier- und Pflanzenarten sterben aus, die Flüsse sind verseucht und die Luftqualität ist furchtbar. Ich glaube, dass die Umwelt noch zu retten ist, aber wir müssen dringend was tun. Dieter, 16

Ich finde das Thema Umwelt total langweilig. Im Fernsehen und in der Zeitung hört man dauernd davon, aber niemand tut was Effektives dagegen. Es stimmt, dass es zu viele Autos auf der Straße gibt und dass wir zuviel Müll haben, aber was kann man dagegen tun? Gar nichts. Reza, 17

> Be organised about how you are going to tackle a longer reading text. There are many strategies you can try, so decide on your strategy and then stick to it. Always try to keep calm and be methodical – don't panic and flit about all over the text. You can practise getting your strategy right before you go into the exam by testing yourself on longer passages of German, like the one here.

Wer ...

a) interessiert sich gar nicht für Umweltprobleme? _____

b) schreibt immer auf recyceltem Papier? _____

c) isst gesundes frisches Essen? _____

d) trifft sich mit anderen an der Schule? _____

e) hofft, einen Job bei einer Umweltgruppe zu finden? _____

f) glaubt, dass man Umweltprobleme nicht lösen kann? _____

g) organisiert Aktionen mit den Mitschülern? _____

h) macht sich Sorgen über Tiere und Pflanzen? _____

i) hat kein Auto in der Familie? _____

j) hat zwei Autos in der Familie? _____

MARIEKE
SIMON
ANNA
DIETER
REZA

© Mary Glasgow Publications 1997

Schreiben

DIE UMWELT

1 [F] Wo möchtest du gerne hinfahren? Schreib eine Liste und nenn 7 Länder.

1. Deutschland
2.
3.
4.
5.
6.
7.
8.

When you are writing a list, first of all write the words which you know you can spell. If you still have some spaces to fill, write words that you are a bit unsure of – you might be right and get a mark.

2 [F] Wie ist das Wetter diese Woche? Schreib einen kurzen Bericht.

Montag: Es schneit.
Dienstag:

If you're given an example to follow, use it to help you get the word order right. Here you just need to write: *Dienstag: es regnet*. But if you feel more confident, you could write *Am Dienstag regnet es*.

3 [F/H] Letzte Woche war keine Schule. Leider war das Wetter nicht immer sehr gut. Was hast du jeden Tag gemacht? Schreib (nicht mehr als 80 Wörter) in dein Tagebuch.

Mo. Am Montag war es wolkig. Ich bin zu Hause geblieben und habe ferngesehen. Das war langweilig.

Di.

Mi.

Do.

Fr. 15°

Sa./So.

If you've got 80 words to write and six spaces to fill, try and spread your text evenly over the spaces. Don't write lots for Tuesday and Wednesday and nothing or very little for the end of the week.

4 [H] Schreib einen Text für diesen Umwelt-Wettbewerb.

Bist du umweltfreundlich?
Dann mach bei unserem Umwelt-Wettbewerb mit!
- Wie hilfst du der Umwelt?
- Beschreib was du machst.
- Was macht deine Familie? Und deine Freunde?
- Beschreib was sie machen.
- Was könnte man noch tun?

Schreib 150 Wörter auf Deutsch und schick deinen Text per E-Mail, Fax, oder Post an uns:

Aktion-Schulumwelt
Postfach 43290, 40045 Düsseldorf,
Tel 0211 43 27 96, Fax 0211 32 91 50, AktSchu@.vier.aus.de

Once you have written your text, go back and check through it. Check that:
- all nouns have capital letters
- the word order is correct
- the handwriting is clear
- the text makes sense.

© Mary Glasgow Publications 1997

Die Umwelt — Tapescript

1

1. Hallo. Ich heiße Darren und ich lebe in Australien.
2. Hallo. Mein Name ist Rachel. Ich lebe in Amerika.
3. Grüß dich. Ich heiße Carola und ich lebe in Spanien.
4. Tag. Mein Name ist Daniel und ich lebe in Frankreich.
5. Hallo. Klaus hier. Ich lebe in Belgien.

2

Irene Die Woche in der Schweiz war vielleicht eine Katastrophe! Am Montag hat es den ganzen Tag geregnet. Dann am Dienstag hat es in den Bergen geschneit! Am Mittwoch sind wir ins Kino gegangen, weil es so kalt war. Am Donnerstag war es besser, aber sehr windig. Am Freitag gab es ein Gewitter. Das war toll! Und dann am Samstag war es wunderbar – sonnig und warm. Leider mussten wir aber dann wieder nach Hause fahren!

3

1. Im Moment bin ich bei einer Aktion an der Küste sehr engagiert. Neulich ist ein Schiff gesunken. Leider war viel Öl im Schiff, und das Öl ist ins Wasser gelaufen. Natürlich sind dabei viele Vögel sofort umgekommen. Manche haben wir aber gerettet und jetzt helfen wir ihnen, wieder sauber zu werden.

2. Leider bin ich ziemlich faul und gebe mir wenig Mühe, der Umwelt zu helfen. Ich werfe das ganze Altpapier in den Hausmüll und kaufe nicht sehr umweltfreundlich ein.

3. Ich interessiere mich sehr wenig für die Umwelt. Im Fernsehen und in der Schule hört man dauernd darüber, aber mich interessiert es kaum. Es ist mir egal, wenn wir diesen Planeten kaputt machen, weil das nicht passiert, solange ich lebe.

4. Ich versuche, der Umwelt zu helfen, indem ich immer mit dem Rad fahre. Es gibt zu viele Autos auf der Straße, und die Luftverschmutzung dadurch ist furchtbar. Ich versuche auch, Energie zu sparen, indem ich die Heizung nicht zu hoch stelle und die Türen immer zumache. Es ärgert mich, wenn sich Leute keine Mühe mit der Umwelt geben.

4

Frau Und jetzt der Wetterbericht für morgen, Samstag den 14. Mai. Im Norden meist sonnig mit schwachem Wind aus westlicher Richtung. Nachmittags bewölkt, aber niederschlagsfrei. Temperaturen bei 18 Grad.

Im Süden teils heiter und niederschlagsfrei. Im Alpenbereich teils neblig. Tagestemperaturen im Nebelgebiet bei 10 Grad, sonst zwischen 12 und 16 Grad. Die Luftqualität ist teilweise schlecht.

Im Osten vielfach regnerisches Frühlingswetter mit Schauern am Vormittag und Dauerregen am Nachmittag. Warnung vor Gewittern im Nordosten. Tageshöchsttemperaturen nur bei neun Grad.

Das Hoch über Frankreich bleibt noch und bringt warme Luft im Westen. Also hier ein sonniger Tag mit wenig Bewölkung. Tagestemperaturen zwischen 18 und 21 Grad. Schwacher Wind aus westlicher Richtung. Morgen weiterhin so.

© Mary Glasgow Publications 1997

Answers

DIE UMWELT

HÖREN

1. 1 Australien, 2 Amerika, 3 Spanien, 4 Frankreich, 5 Belgien

2. Mo. b Di. e Mi. c Do. d Fr. a Sa. f

3. umweltfreundlich: 1, 4
   nicht umweltfreundlich: 2, 3

4. North: mostly sunny, weak westerly wind, afternoon cloudy but dry, 18°
   South: bright and dry, foggy in Alpine regions, 10° in foggy areas otherwise 12–16°, poor air quality
   East: rainy spring weather, showers in the morning, prolonged rain in afternoon, storm warning in northeast, 9°
   West: warm, sunny, not much cloud, 18–21°, weak westerly wind

SPRECHEN Example answers

1. 1 Hallo, hier spricht X.
   2 Ach, es ist ein bisschen windig. Und es regnet.
   3 Wir gehen ins Schwimmbad.
   4 Nein, es ist schrecklich.
   5 Ja, tschüs.

2. Am Samstag ist es wolkig. Es ist auch ein bisschen kalt. Hast du Lust, ins Kino zu gehen? Wenn es schön ist, könnten wir im Park spielen. Wenn es regnet, könnten wir einkaufen gehen. Am Sonntag soll es schön sein, vielleicht bis zu sechzehn Grad. Machen wir vielleicht eine Radtour?

3. Am Freitag habe ich Poster für die Aktion gemacht. Wir demonstrieren gegen eine neue Straße, die man durch unsere Stadt bauen will. Wir haben am Rathaus demonstriert. Die Polizei war auch dort, aber es gab keine Probleme. Am Samstag habe ich die Gruppe am Bauwerk getroffen. Ich war erstaunt: tausend Leute waren dabei! Wahnsinnig! Wir haben gesungen. Es war sehr aufregend, und wir waren auch im Fernsehen, weil einige Fernsehteams und Journalisten gekommen sind. Ich weiß nicht, ob unser Protest erfolgreich war, aber zumindest haben uns viele Leute unterstützt.
   Am Sonntag waren wir wieder am Bauwerk, wo wir weiter protestieren wollten. Es waren sogar noch mehr Leute dort. Leider war es etwas kalt, aber die Stimmung war toll, und es hat Spaß gemacht.

LESEN

1. Deutschland, Großbritannien, Frankreich, Italien

2. 1i 2b 3h 4d 5a 6e 7g 8f 9c

3. a) in Österreich/an der Donau, b) Zweite, c) Kaffee und Kuchen/wunderbare Abende in der Oper/Museen und Gallerien (any 1), d) Sportmöglichkeiten

4. a) Reza, b) Anna, c) Simon, d) Marieke, e) Dieter, f) Reza, g) Marieke, h) Dieter, i) Simon, j) Anna

SCHREIBEN Example answers

1. Amerika, Spanien, Italien, China, Neuseeland, Frankreich, Norwegen

2. Dienstag: Es regnet. Mittwoch: Es ist sehr kalt und regnerisch. Am Donnerstag ist es warm. Am Freitag ist es sonnig aber windig. Am Samstag ist es neblig. Am Sonntag ist es heiß und die Sonne scheint.

3. Am Dienstag gab es ein Gewitter. Ich habe Angst gehabt und bin zu Hause geblieben. Das hat keinen Spaß gemacht. Am Mittwoch hat es geschneit. Das war super, weil ich draussen spielen konnte. Am Donnerstag war es sehr windig, und ich bin in die Stadt gefahren. Das war gut. Am Freitag war es mild und schön. Ich habe meiner Mutter im Garten geholfen. Das war lustig, weil ich gern im Garten bin. Am Wochenende war es sonnig und warm. Ich habe eine Radtour gemacht. Das war schön aber anstrengend.

4. Für mich ist die Umwelt ein wichtiges Thema. Ich versuche, immer umweltfreundlich zu sein, aber manchmal ist das nicht so einfach. Wenn ich in die Stadt fahre, fahre ich entweder mit der Straßenbahn oder mit dem Rad, weil das besser ist als mit dem Auto. Leider haben meine Eltern zwei Autos, und das ärgert mich sehr. Ich bin wirklich vorsichtig, wenn ich einkaufen gehe, und ich versuche immer, Biogemüse zu kaufen. Leider kaufen meine Eltern immer das billigste Essen. In der Schule müssen wir auf recyceltem Papier schreiben, und das kauft man beim Umwelt-Kiosk. Dort kann man auch umweltfreundliche Schreibwaren, Taschentücher, Seife usw. kaufen. Das finde ich sehr nützlich, und ich glaube, dass es in jeder Schule so ein Kiosk geben sollte. Wenn man als Schüler/in schon der Umwelt hilft, wird man das hoffentlich das ganze Leben durch tun.

© Mary Glasgow Publications 1997 117

Vokabular

DIE AUSBILDUNG

EDUCATION

die Weiterbildung	further education
der Student (en)	student (m)
die Studentin (nen)	student
das Studium	study, course
der Kurs (e)	course
die Qualifikation (en)	qualification
das Abitur	equivalent to A-levels
die Oberstufe	sixth form
die Berufsschule (n)	vocational school
die Universität (en)	university
der Hochschulabschluss	degree
die Hochschule (n)	college
der/die Azubi (s)	apprentice
der Realschulabschluss	(like GCSEs) exam from Realschule
das Arbeitspraktikum	work experience
die Ausbildung	training
die Berufsberatung	careers advice
studieren	to study
eine Ausbildung machen	to train

JOBS

der Arbeiter (-)	worker
die Arbeiterin (nen)	
der Arzt (¨e)	doctor
die Ärztin (nen)	
der Assistent (en)	assistant
die Assistentin (nen)	
der Bauarbeiter (-)	builder
die Bauarbeiterin (nen)	
der Bauer (n)	farmer
die Bäuerin (nen)	
der Beamte (n)	official, civil servant
die Beamtin (nen)	
der Briefträger (-)	postperson
die Briefträgerin (nen)	
der Chef (s)	boss
die Chefin (nen)	
der Elektriker (-)	electrician
die Elektrikerin (nen)	
der Fotograf (en)	photographer
die Fotografin (nen)	
der Friseur (e)	hairdresser
die Friseurin (nen)	
der Gärtner (-)	gardener
die Gärtnerin (nen)	
der Geschäftsmann (-männer)	business person
die Geschäftsfrau (en)	
der Hausmann (-männer)	house husband
die Hausfrau (en)	housewife
der Ingenieur (e)	engineer
die Ingenieurin (nen)	
der Journalist (en)	journalist
die Journalistin (nen)	
der Kellner (-)	waiter
die Kellnerin (nen)	waitress
der Koch (¨e)	cook
die Köchin (nen)	
der Krankenpfleger (-)	nurse
die Krankenschwester (n)	
der Lehrer (-)	teacher
die Lehrerin (nen)	
der Mechaniker (-)	mechanic
die Mechanikerin (nen)	
der Polizist (en)	police officer
die Polizistin (nen)	
der Programmierer (-)	programmer
die Programmiererin (nen)	
der Rechtsanwalt (-wälte)	lawyer
die Rechtsanwältin (nen)	
der Sekretär (-)	secretary
die Sekretärin (nen)	
der Tierarzt (¨e)	vet
die Tierärztin (nen)	
der Verkäufer (-)	sales assistant
die Verkäuferin (nen)	
der Vertreter (-)	representative
die Vertreterin (nen)	
der Zahnarzt (-ärzte)	dentist
die Zahnärztin (nen)	

WORKPLACES

das Arbeitsamt	employment agency
in der Bank	at the bank
in einem Büro	in an office
in einer Fabrik	in a factory
in einem Geschäft	in a shop
in einem Restaurant	in a restaurant
in einer Werkstatt	in a workshop
für eine Firma	for a company
an/in der Schule	at school
zu Hause	at home
im Freien	outside
drinnen	inside

© Mary Glasgow Publications 1997

Vokabular

DIE AUSBILDUNG

AT WORK

der Job (s)	work, job
die Stelle (n), die Arbeit (en)	job
die Arbeitsstelle (n)	job
die Teilzeitbeschäftigung (en)	part-time job
der Beruf (e)	profession
die Arbeitsstunden (pl)	working hours
der Betrieb (e)	business
der Handel	trade, business
die Abteilung	department
das Gehalt ("er)	salary
der Lohn ("e)	wage
die Überstunden (pl)	overtime
der Schichtdienst (e)	shift work
der Jahresurlaub	annual holiday
die Stellenanzeige (n)	job advert
das Interview (s)	interview
der Lebenslauf ("e)	CV
der Termin (e)	appointment
arbeitslos	unemployed
halbtags	half-day
selbständig	self-employed
berufstätig sein	to be employed
ausfüllen	to fill in
(sich) bewerben	to apply for
(sich) erkundigen	to inquire about
fotokopieren	to photocopy
organisieren	to organise
tippen	to type
verdienen	to earn

EXTRA

der Chirurg (en)	surgeon (m)
die Chirurgin (nen)	surgeon (f)
der Fachmann (-männer)	expert (m)
die Fachfrau (en)	expert (f)
der Rentner (-)	pensioner (m)
die Rentnerin (nen)	pensioner (f)
der/die Angestellte (n)	employee
der Arbeitgeber (-)	employer
das Arbeitsamt (-ämter)	employment agency
die Aufstiegschancen (pl)	prospects
die Ausbildungsdauer	length of training
die Aushilfe	temporary help
die Bewerbung (en)	application
der Bewerbungsbrief (e)	letter of application
die Erfahrung (en)	experience
der Lebenslauf	CV
die Verabredung (en)	meeting
die Verantwortung	responsibility
die Vergünstigung (en)	perk

PHRASES

Ich trage Zeitungen aus.	I deliver newspapers.
Ich hoffe, dass ich einen Ausbildungsplatz finde.	I hope to find an apprenticeship.
Ich habe vor, auf die Berufsschule zu gehen.	I intend to go to vocational school.
Ich habe keine Ahnung, was ich später machen will.	I've got no idea what I want to do later.
Wir bieten Kurse in Buchhaltung.	We offer courses in book-keeping.
Ich möchte keine Routinearbeit machen.	I don't want to do routine work.

Wie sagt man das auf Deutsch?
a I'd like to go to university.
b My father is an electrician.
c I hope to train as an engineer.
d I would like an outdoor job.
e I would like to work in a shop or an office.
f I have an interview next week.
g I have a part-time job in the holidays.
h I have to type and photocopy letters.
i I am looking for a job with responsibility.
j I have lots of experience for the job as babysitter.

Ergänze diese Sätze.
a Eine Krankenschwester arbeitet in ...
b Ein/e Briefträger/in arbeitet ...
c Ein/e Lehrer/in arbeitet ...
d Ein/e Mechaniker/in arbeitet ...
e Ein/e Verkäufer/in arbeitet ...
f Ein Bauer/eine Bäuerin arbeitet ...

Die Antworten findest du in der Vokabelliste, oder frag deinen Lehrer/deine Lehrerin.

DIE AUSBILDUNG — Hören

1 *[F]* Interview mit Josef. Hör zu und beantworte die Fragen.

1 Wo arbeitet Josefs Mutter?
a) Schule   b) Krankenhaus   c) Büro

2 Wo arbeitet Josefs Vater?
a) Flughafen   b) Bahnhof   c) Post

3 Wo möchte Josef später arbeiten?
a) Postamt   b) Garten   c) Restaurant

Listen carefully. You might not hear the exact words for the various jobs. For example what kind of job might, Ich interessiere mich für Blumen relate to?

2 *[F]* Andrea, Claudia und Karl-Heinz spechen über ihre Samstagsjobs. Füll die Tabelle aus.

	Wo?	Stunden?	☺	☹
Andrea	Bäckerei	7–13 Uhr		✓
Claudia				
Karl-Heinz				

As you listen, follow the example to help you get into the pattern of the activity.

3 *[F/H]* Interview über das Betriebspraktikum. Marko spricht über sein Betriebspraktikum. Hör zu und schreib die Details auf.

Wo? in einem Hotel
Wann? _____ (1)
Arbeitszeiten? _____ (1)
Aufgaben? _____ (3)

Meinung? _____ (1)
Warum? _____ (2)

Remember to look carefully at how many marks are allocated to the various parts of the grid and make sure that you give corresponding amounts of information.

4 *[H]* Zwischen Schule und Arbeit. Tanja ist 25 Jahre alt. Sie trifft einen alten Klassenkameraden. Richtig (✓) oder falsch (✗)?

a) Vor acht Jahren war Tanja noch in der Schule. _____
b) Tanja arbeitet jetzt im Ausland. _____
c) Englisch war Tanjas Lieblingsfach. _____
d) Sie hat an der Berufsschule Informatik gelernt. _____
e) Danach hatte sie einen Job mit Computern gefunden. _____
f) Tanja war vierzehn Monate ohne Arbeit. _____
g) Die Zukunft für Hotelarbeit war interessant. _____
h) Ihre Kollegen in der Exportfirma gefallen ihr gut. _____

When you read the statements through in advance of listening to the tape, concentrate on a few key words (underline them if you like) to help you follow the structure of the dialogue. For example in der Schule, Ausland. If you get lost at any point, this will also ensure that you can pick up the conversation again, rather than missing the remainder of it.

© Mary Glasgow Publications 1997

Sprechen

DIE AUSBILDUNG

1 *[F]* Beantworte die Fragen über dein deutsches Betriebspraktikum.

1	08.00
2	🚲
3	Mon.–Fri.
4	✖ (Besteck)
5	✓

1 Wann beginnt die Arbeit am Montag?
2 Wie fährst du zur Arbeit?
3 Wie lange dauert dein Praktikum?
4 Was für ein Praktikum machst du?
5 Gefällt es dir?

Knowing your prepositions will help you to give more accurate answers. Remember:
um + time
am + day
mit dem/der + transport

2 *[F/H]* Eine Familie in Deutschland sucht ein Au-Pair für die Sommerferien. Du sprichst mit der Mutter am Telefon.

1 Sag, wie du heißt und woher du kommst.
2 Beantworte die Frage.
3 Beantworte die Frage.
4 Sag, wann du arbeiten möchtest.
5 Stell Fragen über die Unterkunft.

1 Hallo. Hier spricht Frau Hut.
2 Sie interessieren sich für den Job als Au-Pair?
3 Haben Sie schon mit Kindern gearbeitet?
4 Wie lange können Sie arbeiten?
5 Das ist gut.
5 Wir haben ein großes Gästezimmer mit Fernseher.

Focus on the situation you are confronted with. Here you are talking about the possibility of working as an au-pair, so try and think of a relevant job or experience you might have had.

3 *[H]* Du möchtest gern in diesem Hotel arbeiten. Ruf mal an und beantworte die Fragen. Du hast auch drei Fragen:
• Gehalt?
• Unterkunft?
• Arbeitsstunden?

HOTEL AN DER ELBE
Domplatz, 12–18
Hamburg
Kellner/in gesucht für August.
Student/in ab 16 Jahre.
Bewerbung an Frau Schwarzkopf:
Tel. 410653

Use the questions the examiner asks you to help you with the answers. For example if you are asked: *Hast du schon in einem Hotel gearbeitet?* Recycle that language in your answer: *Ich habe ... gearbeitet.*

■ **Beantworte diese Fragen.**

Was sind deine Eltern von Beruf?

Hast du einen Samstagsjob? Wo? Wieviel Geld bekommst du?

Welche Pläne hast du für nächstes Jahr?

Was sind deine Zukunftspläne?

Würdest du gern Lehrer/in werden? Warum (nicht)?

Qualifikationen sind wichtig. Was meinst du?

Welche Arbeitsmöglichkeiten gibt es in deiner Gegend?

Möchtest du gern im Ausland arbeiten? Warum (nicht)?

■ **Bereite einen kleinen Vortrag über dein Betriebspraktikum vor.**

Wo?

Wie lange?

Wie bist du dorthin gefahren?

Was hast du gemacht?

Arbeitsstunden?

Meinung?

Würdest du dort arbeiten?

Warum (nicht)?

© Mary Glasgow Publications 1997

Lesen A

DIE AUSBILDUNG

1 [F] Lies den Text. Wer bekommt den Job?

> **TAXI-FIRMA** (Nähe Bahnhof) sucht ab sofort Taxifahrer/in. Eigenes Auto notwendig. Guter Stundenlohn. Nacht- und Wochenendarbeit verlangt.

NAME	ALTER	BERUF	AUTO	FÜHRERSCHEIN
Marianne	20	Studentin	✗	✓
Heike	21	arbeitslos	✗	✗
Peter	23	Mechaniker	✓	✓

This question looks more complicated than it is! Don't panic just because there seem to be a lot of parts. Take your time and work through the information carefully.

2 [F/H] Was passt zusammen?

1 Nach der Schule möchte ich sofort einen Job.
2 Nach dem Abitur habe ich vor zu studieren.
3 Ich weiß noch nicht, was ich nach der Schule machen will.
4 Ich will Mechanikerin werden.
5 Nach dem Realschulabschluss hoffe ich, dass ich auf die Berufsschule gehen kann.

a Wahrscheinlich Fremdsprachen an der Uni.
b Ich habe einen Ausbildungsplatz in einer Werkstatt gefunden.
c Studieren möchte ich nie!
d Ich möchte zur Berufsberatung!
e Ich möchte einen Computer- und Datenverwaltungskurs machen.

Does the punctuation help you at all? Note how two of these people exclaim! They may be very definite about their intentions or expressing a cry for help.

3 [F/H] Lies den Artikel und beantworte die Fragen.

Jobben am Wochenende

Markus (17 Jahre):

Jobben muss sein, denn ich spare für eine Reise nach Australien nächstes Jahr. Jeden Samstag arbeite ich acht Stunden bei Mc Donalds. Die Arbeit ist ziemlich langweilig, aber ich verdiene ganz gut – ungefähr 350 Mark im Monat. Die Uniform gefällt mir aber überhaupt nicht und ich esse nicht gern Fast-Food.

Katrin (16 Jahre):

Mein Wochenendjob ist toll! Ich arbeite in einem Kaufhaus in der Musikabteilung. Musik finde ich toll und ich höre den ganzen Tag Musik! Ich arbeite meistens an der Kasse und treffe oft Freunde im Kaufhaus. Die Arbeit beginnt um halb neun und ist um siebzehn Uhr zu Ende. Dafür bekomme ich zehn Mark die Stunde.

a) Wohin möchte Markus in den Urlaub fahren? _____
b) Arbeitet Markus ganztags oder Teilzeit? _____
c) Wie findet Markus den Job? _____
d) Was mag Markus nicht? (2) _____
e) Arbeitet Katrin gern im Kaufhaus? _____
f) Warum hört Katrin den ganzen Tag Musik? _____
g) Wie viele Stunden arbeitet Katrin? _____

Short answers in German are enough. If you try to write longer full sentences, you are more likely to make mistakes, so keep it simple.

Lesen B

DIE AUSBILDUNG

4 *[H]* Lies den Text und beantworte die Fragen auf Englisch.

Eine Woche Betriebspraktikum: Schüler testen Berufe

Letzten Monat waren die Schüler aus der zehnten Klasse nicht in der Schule. Sie waren bei der Arbeit! Hier berichten einige Schüler ...

• Sonja •
Mein Lieblingshobby ist Reiten, und ich war sehr froh, dass ich eine Praktikumsstelle in einer Reitschule bekam. Die Pferde waren sehr lieb, aber die Leute fand ich wirklich etwas unfreundlich. Sie hatten überhaupt keine Zeit für mich. Ich musste stundenlang im Stall aufräumen, aber die Arbeit habe ich trotzdem toll gefunden.

• Stefan •
Mein Praktikum war super. Ich habe die Woche bei einer Autolackiererei verbracht. Ich musste mich sehr konzentrieren, damit nichts schief ging, aber es hat mir wirklich Spaß gemacht. Ich habe mich auch gut mit den Kollegen in der Werkstatt verstanden, und sie haben mir viel beigebracht.

• Michaela •
Ich habe in der Tierarztpraxis geholfen. Ich mag Tiere sehr, und ich möchte später Tierärztin werden. Für mich war die Woche eine gute Gelegenheit, Erfahrung zu sammeln. Ich habe einen Tag an der Rezeption gearbeitet, aber dann auch dem Tierarzt geholfen. Das war sehr interessant!

• Karla •
Ich mag Technisches Zeichnen in der Schule und hatte vor, Architektin zu werden. Jetzt nicht! Eine Woche in einem Architekturbüro hat mir gereicht! Ich weiß, dass man lange studieren muss, um Architektin zu werden, aber ich durfte nichts machen. Ich habe nur Bleistifte gespitzt und Dokumente fotokopiert! Echt langweilig! Und die Arbeitsstunden waren sehr lang! Ich bin froh, dass ich wieder in der Schule bin.

• Micky •
Ich hatte keine Ahnung, was ich später machen wollte! Mein Klassenlehrer hat für mich eine Stelle im Hotel Schönblick gefunden und ich bin ohne großes Interesse dorthin gegangen. Aber die Arbeit habe ich interessant und lustig gefunden. Ich bin gesellig und der Kontakt mit vielen Leuten war ideal für mich. Der Tag in der Küche, wo ich stundenlang spülen musste, war schrecklich, aber an der Rezeption zu arbeiten ist sicher der richtige Beruf für mich.

Und das letzte Wort ...

• Frau H •
Die Schüler haben alle fleißig gearbeitet. Meiner Meinung nach ist das Betriebspraktikum sehr wichtig, denn die Schüler haben die Chance, einen bestimmten Beruf auszuprobieren und ein bisschen Arbeitserfahrung zu sammeln. Die Arbeitswelt ist wohl anders als die Schule!
(Klassenlehrerin)

You will need to read each paragraph for gist to decide how positive the work experience placement was for each person.
You don't have to rely on your own ideas for the final part of this activity. Advantages of work experience can be drawn from the text.

a) Füll die Tabelle aus.

	Place of Work	Opinion: Positive/Negative/Mostly positive
Sonja	Riding school	Mostly positive
Stefan		
Michaela		
Karla		
Mickey		

b) Was sind die Vorteile eines Betriebspraktikums?

1 _____

2 _____

© Mary Glasgow Publications 1997

DIE AUSBILDUNG

Schreiben

1 *[F]* Was für einen Beruf möchtest du? Schreib 5 mögliche Berufe auf die Liste auf.

1. Lehrer
2.
3.
4.
5.
6.

If you find learning vocabulary really difficult, just try to learn about ten important words from each topic area. That way, you'll be able to answer questions like these.

2 *[F]* Lies Mannis Formular. Füll dein Formular aus.

Vorname: Manfred
Familienname: SCHOLZ
Lieblingsfach: Sport
Nach der Schule: Berufsschule
Berufspläne: Arbeit im Sportzentrum

Vorname:
Familienname:
Lieblingsfach:
Nach der Schule:
Berufspläne:

Use Manfred's example to help you with your own form. Note how the information given is short and precise.

3 *[F/H]* Du suchst einen Ferienjob. Schreib eine Kleinanzeige (50–60 Wörter) für die Lokalzeitung.

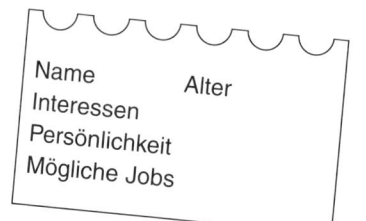

Name   Alter
Interessen
Persönlichkeit
Mögliche Jobs

Your answer is to be quite short, so stick to simple sentences, which convey key information: Ich heiße Jack Williams (15 J) und ich bin sportlich, freundlich und hilfsbereit.

4 *[H]* Entweder Aufgabe A
Du suchst einen Ferienjob in Österreich. Schreib einen Bewerbungsbrief an Herrn Trübelmeyer. Du sollst folgende Informationen geben:

deine deutschen Sprachkenntnisse

deine Arbeitserfahrung und Zukunftspläne

deine Interessen und persönlichen Eigenschaften

warum du in diesem Hotel arbeiten möchtest.

Stell auch drei Fragen über die Arbeit.

**Hotel Vier Jahreszeiten
Rosenallée 24-28
WIEN**

Wir suchen ....
Küchenhilfe für August.
Student/in 16+ Jahre
Unterkunft inbegriffen
Bewerbung an Herrn Trübelmeyer.

*Remember how to express opinions in the past tense. It is worth learning a few set phrases:
Die Arbeit hat mir besonders gut gefallen.
Die Gartenarbeit war sehr anstrengend.
Den Tag im Restaurant habe ich interessant gefunden.*

Oder Aufgabe B
Du hast eine Woche Praktikum in einem Hotel gemacht. Schreib einen Bericht darüber.

Was hast du gemacht?
Wie war die Arbeit?
Wie waren die Kollegen?
Meinung?

© Mary Glasgow Publications 1997

Tapescript

DIE AUSBILDUNG

1

Josef	Meine beiden Eltern sind berufstätig. Meine Mutter ist Ärztin. Mein Vater reist viel. Er ist Pilot. Ich möchte gern draussen arbeiten und ich interessiere mich für Blumen und Pflanzen.

2

Junge	Wo arbeitest du, Andrea?
Andrea	Ich arbeite in einer Bäckerei.
Junge	Den ganzen Tag?
Andrea	Nein, von sieben bis dreizehn Uhr.
Junge	Und arbeitest du gern in der Bäckerei?
Andrea	Ja! Die Arbeit finde ich toll!
Junge	Hast du einen Samstagsjob, Claudia?
Claudia	Ja, ich arbeite in einem Café.
Junge	In einem Café?
Claudia	Ja, von neun Uhr bis achtzehn Uhr.
Junge	Von neun Uhr bis achtzehn Uhr – das ist ein langer Tag.
Claudia	Ja, ich arbeite nicht gern im Café. Ich bin am Samstagabend immer so müde.
Junge	Und Karl-Heinz? Arbeitest du am Wochenende?
Karl-Heinz	Ja, ich mache Babysitting für meine Tante.
Junge	Wann denn?
Karl-Heinz	Jeden Freitagabend von neunzehn Uhr bis dreiundzwanzig Uhr.
Junge	Und gefällt es dir?
Karl-Heinz	Ja, sicher. Ich arbeite gern mit Kindern und ich kann auch viel fernsehen.

3

Marko	In der ersten Woche im Juni habe ich mein Betriebspraktikum in einem Hotel gemacht. Ich habe jeden Tag von acht Uhr bis sechzehn Uhr dreißig gearbeitet. Es gab jeden Tag viel zu tun. Meistens war ich an der Rezeption, wo ich Telefonanrufe beantwortet habe. Ich habe auch Briefe auf dem Computer geschrieben und viele Dokumente fotokopiert. Die Woche hat mir sehr gut gefallen, weil die Leute im Hotel alle sehr freundlich waren. Für mich war das Betriebspraktikum auch eine gute Erfahrung, weil ich nach den Sommerferien auf die Berufsschule gehen möchte.

4

Klaus	Hallo, Tanja! Wie geht's? Ich habe dich seit der Abschiedsparty an der Schule nicht gesehen! Das war wohl vor sieben Jahren!
Tanja	Klaus? Bist du's? Mit deinen langen Haaren habe ich dich fast nicht erkannt!
Klaus	Was machst du jetzt?
Tanja	Ich besuche hier meine Eltern und morgen fahre ich zurück nach England.
Klaus	Zurück nach England? Wohnst du dort?
Tanja	Ja, ich habe eine Stelle bei einer englischen Exportfirma. Ich wohne in der Nähe von Sheffield.
Klaus	Seit wann arbeitest du dort?
Tanja	Ich habe die Stelle erst seit drei Monaten.
Klaus	Aber du hast immer schlechte Noten in Englisch bekommen ... wie ich!
Tanja	Ja, das stimmt.
Klaus	Was hast du nach der Schule gemacht?
Tanja	Ich bin auf die Berufsschule gegangen, wo ich eine Ausbildung als Programmiererin gemacht habe. Das habe ich total langweilig gefunden. Danach war ich anderthalb Jahre arbeitslos und das war furchtbar.
Klaus	Anderthalb Jahre! Wie schrecklich!
Tanja	Ja, aber ich habe mich in einen Engländer verliebt und habe ihn so oft wie möglich besucht. Natürlich sind meine Englischkenntnisse in dieser Zeit viel besser geworden!
Klaus	War es schwer, einen Arbeitsplatz in England zu finden?
Tanja	Nein, überhaupt nicht. Ich habe zwei Jahre in einem Hotel gearbeitet, aber da waren die Aufstiegschancen nicht besonders gut.
Klaus	Und der neue Job? Was gefällt dir am besten?
Tanja	Erstens die Leute. Meine Arbeitskollegen sind sympathisch und freundlich. Zweitens die Reisemöglichkeiten. Ich reise zwei- oder dreimal im Monat ... nach Europa oder Amerika. Das finde ich interessant.

© Mary Glasgow Publications 1997

Answers

DIE AUSBILDUNG

HÖREN

1   1b   2a   3b

2   Claudia: Café, 9–18 Uhr, nicht gern
    Karl-Heinz: Babysitting, jeden Freitagabend von 19–23 Uhr, gern

3   Juni: (1. Woche) jeden Tag von 8–16.30 Uhr; Telefonanrufe beantworten, Briefe auf dem Computer schreiben, viele Dokumente fotokopieren; sehr gut gefallen; weil die Leute im Hotel alle sehr freundlich waren und weil er nach den Sommerferien auf die Berufsschule gehen möchte und weil es eine gute Erfahrung war (any 1)

4   a ✓ b ✓ c ✗ d ✓ e ✗ f ✗ g ✗ h ✓

SPRECHEN   Example answers

1   1 Sie beginnt um acht Uhr.
    2 Ich fahre mit dem Rad dahin.
    3 Es dauert eine Woche – von Montag bis Freitag.
    4 Ich arbeite in einem Café in der Stadt.
    5 Ja, die Leute sind sehr freundlich, und die Arbeit ist interessant.

2   1 Hallo, hier spricht Jane Smith. Ich rufe aus Sheffield in England an.
    2 Ja, ich habe die Anzeige in der Zeitung gelesen, und ich interessiere mich sehr für den Job.
    3 Ja, ich mache oft Babysitting, und in den Sommerferien habe ich in einem Kindergarten gearbeitet.
    4 Ich kann von Ende Juli bis dritten September arbeiten.
    5 Gibt es bei Ihnen ein Zimmer, oder muss ich irgendwo ein Zimmer mieten?

3   Sample statements
    Guten Tag, hier spricht Matthew Taylor. Ich rufe aus London an. Ich habe Ihre Anzeige in der Zeitung gesehen, und ich möchte mich für die Stelle bewerben.
    Letztes Jahr habe ich ein Praktikum in einem großen Hotel in London gemacht. Ich interessiere mich sehr für Hotelarbeit.
    Ich bin siebzehn Jahre alt. Soll ich Ihnen meinen Lebenslauf zusenden?
    Wie ist das Gehalt? Kann ich im Hotel wohnen, oder muss ich selber eine Unterkunft organisieren? Wie sind die Arbeitsstunden?

LESEN

1   Peter

2   1c   2a   3d   4b   5e

3   a) Australien, b) Teilzeit, c) langweilig, d) Uniform/Essen, e) ja, f) sie arbeitet in der Musikabteilung, g) 8.5 Stunden

4   a) Stefan: car respraying centre, positive
    Michaela: vet, positive
    Karla: architect's practice, negative
    Mickey: hotel, mostly positive
    b) gives you the chance to experience a job and gain work experience

SCHREIBEN   Example answers

1   Arzt, Pilot, Verkäufer, Briefträger, Kellner

2   Hans; Nielson; Englisch; Universität, Fremdsprachen studieren

3   Ich heiße Jakob Schweiz und ich wohne in Mannheim. Ich suche einen Ferienjob ab Mitte Juli. Ich bin 16 Jahre alt und habe ein Fahrrad. Ich bin hilfsbereit, intelligent und freundlich. Am liebsten möchte ich in einem Geschäft arbeiten. Haben Sie einen Ferienjob für mich? Rufen Sie bitte an: 34 21 65. Oder Sie können mich per E-Mail erreichen: schweiz@landu.de.

4A   Manchester, 24. August

Sehr geehrter Herr Trübelmeyer,
ich habe Ihre Anzeige in der Zeitung am 12.08. gesehen, und ich möchte mich für die Stelle als Küchenhilfe für August bewerben. Ich bin in der 13. Klasse und nächstes Jahr gehe ich auf die Universität, wo ich Deutsch studieren möchte. Ich würde mich sehr freuen, wenn ich vorher einige Wochen in Österreich verbringen könnte. Vor drei Jahren war ich auf Skiurlaub in Österreich, und das Land hat mir sehr gut gefallen. Im Moment habe ich einen Samstagsjob in einem Restaurant in der Stadt. Ich spüle ab, bereite die Getränke vor und arbeite auch als Kellner. Ich glaube, dass diese Erfahrung sehr nützlich sein wird. Ich bin sehr gesellig, und lerne gern neue Leute kennen. Ich habe einige Fragen über den Job: Wie sind die Arbeitsstunden? Muss ich eine Uniform mitbringen? Möchten Sie meinen Lebenslauf sehen? Bitte schreiben Sie so bald wie möglich.
Mit freundlichen Grüßen, ...

Vokabular

DER AUSTAUSCH

GREETINGS

bis später	till later on
hallo	hello
alles Gute!	all the best!
guten Morgen	good morning
gute Nacht	good night
guten Tag	hello (during the day)
tschüs	bye
viel Spaß!	have fun!
wie geht's?	how are you?
auf Wiedersehen	goodbye
auf Wiederhören	goodbye (on phone)
willkommen	welcome
schönes Wochenende!	have a nice weekend!
komm herein!	come in!
setz dich!	sit down!
komm gut nach Hause!	get home safely!

A VISIT

der Aufenthalt (e)	stay
der Austausch (e)	exchange
der Besuch (e)	visit
der Brieffreund (e)	penfriend (m)
die Brieffreundin (nen)	penfriend (f)
der Gast (¨e)	guest
übernachten	to stay overnight

AT TABLE

guten Appetit!	have a nice meal!
Mahlzeit!	hello (at mealtimes)
Prost!	cheers!
das Abendbrot	tea
das Abendessen	evening meal
das Frühstück	breakfast
das Mittagessen	lunch
ja, bitte	yes, please
nein, danke	no, thank you
die Gabel (n)	fork
das Glas (¨er)	glass
der Löffel (-)	spoon
das Messer (-)	knife
die Schüssel (n)	bowl
die Serviette (n)	serviette
der Teller (-)	plate
das Tischtuch (¨er)	tablecloth

ROUTINE

auf/wachen	to wake up
auf/stehen	to get up
aus/gehen	to go out
ein/schlafen	to go to sleep
frühstücken	to have breakfast
das Haus verlassen	to leave the house
zur Schule gehen	to go to school
ins Bett gehen	to go to bed
sich an/ziehen	to get dressed
sich aus/ziehen	to get undressed
sich baden	to have a bath
sich duschen	to have a shower
sich frisch machen	to freshen up
sich rasieren	to shave
sich um/ziehen	to get changed
sich waschen	to wash yourself
sich das Haar bürsten	to brush your hair
sich das Haar kämmen	to comb your hair
sich die Haare waschen	to wash your hair
sich die Zähne putzen	to brush your teeth

BANK

die Bank (en)	bank
die Sparkasse (n)	savings bank
die Wechselstube (n)	bureau de change
der Geldautomat (en)	cash point machine
das Bargeld	cash
das Kleingeld	change
das Geld	money
die Münze (n)	coin
der Schein (e)	note
der Pfennig (e)	pfennig
das Pfund	pound
der Reisescheck (s)	traveller's cheque
das Konto (Konten)	account
die Kreditkarte (n)	credit card
der Scheck (s)	cheque
das Scheckbuch (¨er)	cheque book
die Währung	currency
der Wechselkurs (e)	exchange rate
aus/geben	to spend
sparen	to save
wechseln	to change

© Mary Glasgow Publications 1997

Vokabular

DER AUSTAUSCH

EXTRA

das Fundbüro (s)	lost property office
beschreiben	to describe
einen Verlust melden	to report a loss
verloren	lost
die Gastfreundschaft	hospitality
das Heimweh	homesickness

PHRASES

Ich möchte meine Familie vorstellen.	I would like to introduce my family.
Wie war die Reise?	How was your journey?
Es freut mich, dich/Sie kennenzulernen.	Pleased to meet you.
Hat's geschmeckt?	Did you like it?
Das war lecker.	That was delicious.
Das schmeckt mir gut/gar nicht.	That tastes good/horrible.
Reichst du mir bitte das Salz?	Can you pass me the salt, please?
Noch Salat?	More salad?
Ich habe meine Zahnpasta vergessen.	I have forgotten my toothpaste.
Kann ich mir bitte einen Fön leihen?	Please may I borrow a hairdryer?
Ich habe meinen Regenschirm verloren.	I have lost my umbrella.
Wann/Wo haben Sie ihn verloren?	When/Where did you lose it?
Mein Regenschirm ist schwarz mit hellblauen Streifen.	My umbrella is black with light blue stripes.

Was sagst du dazu?
a Du triffst deine Brieffreundin am Bahnhof.
b Deine Brieffreundin fährt zurück nach Deutschland.
c Du hast dich gerade zum Mittagessen an den Tisch hingesetzt.
d Deine Brieffreundin hat heute eine Physikarbeit in der Schule.
e Dein Brieffreund geht mit deiner Schwester ins Kino.
f Du bist müde und gehst ins Bett.

Wie sagt man das auf Deutsch?
a I wake up at 7 am.
b I leave the house at 7.30 am.
c I have a shower every morning.
d Can you pass me a serviette, please?
e I haven't got a knife.
f Where can I change money?
g I have lost my passport.

Die Antworten findest du in der Vokabelliste, oder frag deinen Lehrer/deine Lehrerin.

Schreib wichtige Wörter und Sätze zum Thema »Austausch« auf.

_____
_____
_____
_____
_____
_____
_____
_____
_____
_____
_____
_____
_____
_____
_____
_____
_____
_____
_____
_____

© Mary Glasgow Publications 1997

Hören

DER AUSTAUSCH

1 *[F]* Gabriele beschreibt ihre Routine. Ordne die Bilder richtig ein.

a ☐   b ☐   c ☐   d ☐   e ☐   f ☐

Is your answer logical? It is unlikely, for example, that someone would get dressed before showering, or brush their teeth before getting out of bed! Check your answer makes sense.

2 *[F]* Du arbeitest im Fundbüro am Hauptbahnhof. Füll die zwei Formulare aus.

1 Verloren:	**2** Verloren: ....
Wo:	Wo: ....
Wann:	Wann: ....
Beschreibung: (2 Details)	Beschreibung: (2 Details) ....
....	....

Look carefully at the information required. Don't confuse Wo? and Wann? and note that two details are required to describe the lost item.

3 *[F/H]* Florian besucht seine Brieffreundin. Richtig (✓) oder falsch (✗)?

Am Flughafen

a) Die Reise war nicht besonders interessant. _____

b) Zuerst stellt die Brieffreundin ihre Mutter vor. _____

c) Die Familie ist schüchtern. _____

Zu Hause

d) Florian hat seine Zahnpasta zu Hause gelassen. _____

e) Zum Essen gibt es Hähnchen mit Kartoffeln und Salat. _____

f) Florian isst noch Salat. _____

g) Die Brieffreundin braucht den Pfeffer. _____

Sometimes you will have to listen for gist. For example, to know whether the family is shy or not, you will need to listen carefully to the whole of the first section.

4 *[H]* Hör dir diese Leute in der Bank an und beantworte die Fragen.

a) Warum kann der Tourist seine Reiseschecks nicht benutzen?
_____

b) Wieso kann er trotzdem Geld bekommen? _____

c) Wieviel Geld bekommt er? _____

d) Warum braucht er auch Kleingeld? _____

e) Was ist der Nachteil, wenn der Tourist den Geldautomaten benutzt?
_____

It's hard to read, listen to and write German at the same time. Make sure that you read the questions carefully first. You might find it easier to listen to the tape the first time without trying to read the questions at the same time. Then answer the questions you can and re-read the remaining questions so that you are prepared for the second hearing.

© Mary Glasgow Publications 1997

DER AUSTAUSCH

Sprechen

1 *[F]* Du gehst ins Fundbüro. Mach Dialog.

1	⌚
2	🚌
3	**10.00**
4	✓
5	✓

1 Kann ich Ihnen helfen?
2 Wo haben Sie die Uhr verloren?
3 Wann war das?
4 Können Sie sie beschreiben?
5 Können Sie mir bitte Ihre Adresse und so weiter geben?

Use the pictures to help you predict the questions. You should be able to work out the questions (and answers!) for the start of this conversation just by looking at the sequence of pictures.

2 *[F/H]* Du bist Tourist in Deutschland und gehst in eine Bank.

1 Du hast Reiseschecks. Was sagst du?
2 Beantworte die Frage.
3 Beantworte die Frage.
4 Du hast den Pass nicht mit. Sag, wo er ist.
5 Frag nach den Öffnungszeiten der Bank.

1 Guten Tag. Kann ich Ihnen helfen?
2 Was für Reiseschecks sind das?
3 Wie viele möchten Sie wechseln?
4 Kann ich bitte Ihren Pass sehen?
5 Leider kann ich ohne Pass die Reiseschecks nicht wechseln.
6 Die Bank hat von halb zehn bis halb fünf auf.

Try and go into the exam with a good stock of exclamations to brighten up your role play:
Ach, toll! Ja, wunderbar! Das ist wohl super! Prima! Na, sowas! Ach, Mist! Ach, Schade! O je, das gibt's doch nicht!

3 *[H]* Du bist bei einer deutschen Familie angekommen. Mit Hilfe der Bilder mach Dialog mit deinem/deiner Brieffreund/in.

It can be fun (and good practice!) to try and predict what the penfriend might say in the conversation. Jot down some ideas for this conversation and compare your version with the sample answer on page 135.

■ **Beantworte diese Fragen.**

Hast du einen/eine Brieffreund/in?

Hast du ihn/sie mal besucht?

Wie war die Reise?

Hast du Reiseschecks mitgenommen?

Hat dein/e Brieffreund/in dich besucht?

Was machst du jeden morgen, bevor du in die Schule gehst?

Beschreib deinen Alltag. Ist es am Wochenende anders?

Hast du schon einmal bei einer deutschen Familie gewohnt?

Beschreib den ersten Tag bei der Familie.

■ **Bereite einen kleinen Vortrag mit dem Titel: Bei einer Familie.**

Letztes Jahr ...

Die Reise war ...

Mein/e Brieffreund/in war ...

Wir haben ...

Die Familie war ...

Leider habe ich ... vergessen/verloren.

Zum Essen ...

Das Beste daran war ...

Lesen A

DER AUSTAUSCH

1 [F] Beantworte die Fragen.

1 What has this person lost?

a) a purse
b) an umbrella
c) a dog

> Hilfe! Ich habe mein Portemonnaie verloren!
> Tel: 362 85 23

2 Kann man am Samstag Geld wechseln?

a) ja
b) nein

> **WECHSELSTUBE**
> am Alexanderplatz 15,
> Nähe Bahnhof
> Täglich von 10.00 bis 18.00
> Uhr geöffnet.
> Außer Sonntag.

Exams often include questions about opening times, so make sure that you know the names of the days of the week, and the meaning of *geöffnet*, *geschlossen*, *außer* and *Feiertag*.

3 Wann geht man zum FUNDBÜRO?

a) wenn man eine Fahrkarte kaufen will
b) wenn man etwas verloren hat
c) wenn man Geld braucht

> **FUNDBüRO**

4 Diese Schlagzeile passt zu welchem Thema?

a) Fitness
b) Kirche
c) Austausch

> Gastfamilien für Schüler gesucht

2 [F] Am Tisch. Was passt zusammen?

1 Hat's dir geschmeckt?
2 Möchtest du noch Erbsen?
3 Darf ich noch Aufschnitt haben?

a) Ja, sicher. Greif zu.
b) Ja, es war lecker.
c) Nein, danke. Ich bin satt.

Practise lots of role play conversations. If you've practised the language thoroughly, you'll find it easier to work out questions like this.

3 [F/H] Lies den Brief und füll das Formular aus.

Bonn, 23. Spetember

Liebe Tante Helga!
Danke für das Geburtstagsgeschenk. Die Brieftasche aus Leder war toll! Wie hast du bloß gewusst, dass schwarz meine Lieblingsfarbe ist?
Leider habe ich die neue Brieftasche aber gestern verloren! Es tut mir wirklich Leid! Ich bin in die Stadt gegangen, um meine Freundin, Ingrid, am Bahnhof zu treffen. Ich habe die Brieftasche irgendwo am Bahnhof zwischen acht und neun Uhr verloren. Ich bin sofort zum Fundbüro gegangen und musste ein Formular ausfüllen. Hoffentlich findet man sie schnell! Es waren ungefähr hundert Mark drin, ein Foto von Ingrid und eine Karte für das Oasis-Konzert nächsten Samstag!
Dein trauriger Neffe,
Felix

FORMULAR

Verloren: ....
Wann: ....
Wo: ....
Beschreibung (2): ....
Inhalt (3): ....

If you don't know what *Inhalt* means, use your common sense. It's worth three marks, so look carefully at any remaining information in the letter. Is there anything that would be worth 3 marks?

© Mary Glasgow Publications 1997

DER AUSTAUSCH

Lesen B

4 *[H]* Lies den Brief. Sind die Sätze unten richtig (✓) oder falsch (✗)?

Shrewsbury, 12. August

Liebe Susanna!

Ich möchte mich bei dir und deiner Familie recht herzlich bedanken. Mein Aufenthalt bei euch war fabelhaft, und ich habe viel Spaß gehabt.

Die Reise nach Hause war schlecht. Der Flug von Frankfurt nach London war verspätet. Ich weiß nicht genau warum, aber es war etwas stürmisch und hat stark geregnet. Ich habe dann auch deswegen meinen Zug nach Shrewsbury verpasst. So ein Mist! Ich musste vier Stunden am Bahnhof warten und ich hatte nicht einmal genug Geld, mir eine Tasse Tee zu kaufen! Die letzten Reiseschecks habe ich im Geschäft am Frankfurter Flughafen gebraucht, um einen süßen Teddybären für meinen Freund zu kaufen!

Es tut mir Leid, dass ich so viele Sachen zu Hause liegengelassen habe. Ohne deine Hilfe wäre ich nie frühmorgens rechtzeitig aufgestanden! Ich bin auch froh, dass wir beide mittelgroß sind, sonst hätte ich nicht mit ins Freibad können!

Der schlechteste Tag war wohl Sonntag. Ich habe keine Ahnung, warum ich plötzlich Heimweh hatte, aber vielleicht weil ich meine Jacke nicht finden konnte. Danke, dass du so verständnisvoll warst! Ich weiß immer noch nicht, warum meine Jacke im Auto war! Wenn ich zu Hause etwas verliere, ist mein Vater immer böse. Er meint, dass ich unvorsichtig bin!

Der beste Tag war Samstag, nicht wahr? Es war toll, so viele von deinen Freunden kennenzulernen. Meine Deutschkenntnisse sind bestimmt besser geworden, weil ich den ganzen Tag Deutsch sprechen musste! Ich habe mich sehr wohl bei ihnen gefühlt.

Ich danke der ganzen Familie für ihre Gastfreundschaft:
- deiner Mutter, besonders weil sie leckere Mahlzeiten zubereitet hat
- deinem Vater, besonders weil er so lustig war
- deiner Schwester, weil sie mir ihr Zimmer überlassen hat.

Ich hoffe, dass du mich bald hier in Shrewsbury besuchen kannst. Ich freue mich schon darauf!

Deine Brieffreundin,   *Hannah*

> It can be useful to jot down the letter of the statement in the margin next to the appropriate point in the letter. If you can't find the answer to statement f), for example, but you have the answer to e) and g), you will at least be able to work out where to find the answer for f) in the letter.

a) Susannas Familie ist gastfreundlich gewesen. _____

b) Vielleicht hatte das Flugzeug wegen des Wetters Verspätung. _____

c) Hannah ist zum Café am Bahnhof gegangen. _____

d) Hannah hat einen Teddybären für Susanna gekauft. _____

e) Hannah hatte ihr Wörterbuch in England vergessen. _____

f) Hannah hatte sich einen Badeanzug von Susanna geliehen. _____

g) Am Sonntag hatte Hannah zwei Probleme. _____

h) Susannas Vater war böse, weil sie ihre Jacke verloren hatte. _____

i) Susannas Freunde waren unfreundlich. _____

j) Das Essen bei Susanna hat gut geschmeckt. _____

© Mary Glasgow Publications 1997

Schreiben

DER AUSTAUSCH

1 [F] Du verlierst deine Tasche. Was war in der Tasche? Schreib eine Liste.

1. Adressbuch
2.
3.
4.
5.
6.
7.

It's OK to use your imagination! People have the strangest things in their bags, but don't be too fanciful. You probably wouldn't get any marks for *Elefant*, for example!

2 [F/H] Du bist bei einer Familie in Hamburg. Schreib eine Postkarte (ungefähr 60 Wörter) an deine Brieffreundin in der Schweiz.

Wo bist du? Warum?
Die Familie?
Zu Hause vergessen?
Was hast du in Hamburg gemacht? (2 Sachen)

Don't worry if you've never been to Hamburg. It's a big city, so you can always mention a shopping trip or swimming or a night at the disco.

3 [H] Entweder Aufgabe A
Am Ende des ersten Tages bei deinem/deiner Brieffreund/in schreibst du dein Tagebuch. Gib so viele Informationen wie möglich. Vergiss nicht, deine Meinungen und Gefühle zu beschreiben.

Reise   Familie
Probleme   Mahlzeiten
Aktivitäten

It might be worth jotting down a few key words in German for your answer first. This will ensure that your answer is well-structured and helps you to start thinking of suitable vocabulary and phrases.

Oder Aufgabe B
Was meinst du? Was sind die Vorteile und Nachteile eines Aufenthaltes bei einer Familie? Berichte von deinen eigenen Erlebnissen als Gast bei einer Familie.

Wenn Sie Ihre Deutschkenntnisse verbessern möchten, bleiben Sie am besten in einer deutschen Familie!

© Mary Glasgow Publications 1997

DER AUSTAUSCH
Tapescript

1

Gabriele Ich stehe um sieben Uhr auf. Zuerst putze ich mir die Zähne. Dann gehe ich unter die Dusche. Nach der Dusche bürste ich mir das Haar und ziehe mich an. Ich frühstücke gegen halb acht. Dann gehe ich zur Schule.

2

1
Mann Kann ich Ihnen helfen?
Frau Ja, ich habe meinen Rucksack verloren.
Mann Wissen Sie, wo Sie den Rucksack verloren haben?
Frau Ja, irgendwo am Bahnhof.
Mann Und wann war das?
Frau Heute gegen zehn Uhr.
Mann Und können Sie mir bitte den Rucksack beschreiben?
Frau Ja, er ist grün und sehr alt.
Mann Augenblick mal. Ich schaue im Büro nach.

2
Frau Guten Tag!
Mann Guten Tag! Kann ich Ihnen helfen?
Frau Hoffentlich! Ich habe meine Handtasche verloren.
Mann Eine Handtasche?
Frau Ja, ich habe meine Fahrkarte gekauft und bin dann zum Café gegangen. Als ich bezahlen wollte, konnte ich meine Handtasche nicht finden.
Mann Wann war das?
Frau Zwischen vierzehn und fünfzehn Uhr.
Mann Und wie sieht Ihre Handtasche aus?
Frau Es ist meine Lieblingshandtasche! Sie ist rot mit weißen Punkten.
Mann Warten Sie mal. Ich glaube, dass Ihre Handtasche im Büro ist.

3

Am Flughafen
Sybille Hallo, Florian! Toll, dass du hier bist!
Florian Hallo, Sybille.
Sybille Wie war die Reise?
Florian Langweilig! Ich bin froh, dass ich hier bin!
Sybille Darf ich meine Mutter vorstellen?
Mutter Guten Tag, Florian! Herzlich willkommen bei uns!
Florian Dankeschön, Frau Holzberg. Es freut mich, Sie kennenzulernen.
Mutter Komm, jetzt gehen wir nach Hause! Du hast sicher Hunger!

Zu Hause
Sybille Hast du alles, was du brauchst?
Florian Ja, das Schlafzimmer ist sehr schön. Ich habe aber leider meine Zahnpasta vergessen.
Sybille Kein Problem! Zahnpasta gibt's immer im Badezimmer.
Mutter Essen ist fertig!
Sybille Was gibt es heute zu essen?
Mutter Hähnchen mit Pommes und Salat. Hoffentlich magst du das, Florian?
Florian Ja, das schmeckt mir gut.
Mutter Möchtest du noch Salat?
Florian Nein, danke. Das reicht.
Sybille Kannst du mir bitte den Pfeffer reichen, Florian?
Florian Bitteschön.
Mutter Guten Appetit!
Florian Danke.

4

Frau Guten Tag! Kann ich Ihnen helfen?
Tourist Ja, ich möchte Reiseschecks wechseln.
Frau Ja, gerne. Darf ich bitte Ihren Pass sehen?
Tourist Meinen Pass? Ich habe ihn leider im Hotel liegenlassen.
Frau Ohne Pass kann ich die Reiseschecks nicht einlösen. Es tut mir Leid.
Tourist Kein Problem. Glücklicherweise habe ich englische Pfund dabei. Die kann ich sicher wechseln.
Frau Ja, das ist kein Problem.
Tourist Also, bitteschön.
Frau Der Kurs steht heute auf zwei Mark zwanzig. Also Sie bekommen achthundertdreiundzwanzig Mark.
Tourist Danke. Kann ich ein bisschen Kleingeld haben? Das brauche ich für die Parkuhr.
Frau Ja, sicher. Bitteschön.
Tourist Wissen Sie, ob ich meine englische Kreditkarte im Geldautomaten draussen benutzen kann, um noch Geld zu holen?
Frau Ja, das können Sie, aber das ist sehr teuer. Am besten kommen Sie wieder mit Ihrem Pass und den Reiseschecks.
Tourist In Ordnung. Das mache ich morgen früh. Dankeschön. Auf Wiedersehen.
Frau Auf Wiedersehen.

Answers

DER AUSTAUSCH

HÖREN

1. c, f, d, a, e, b,

2. 1 Rucksack, am Bahnhof, gegen 10.00 Uhr, grün und sehr alt
   2 Handtasche, Café, 14.00–15.00 Uhr, rot mit weißen Punkten

3. a ✓ b ✓ c ✗ d ✓ e ✗ f ✗ g ✓

4. a) Er hat seinen Pass im Hotel liegenlassen.
   b) Er hat englische Pfund dabei. c) 823,
   d) für die Parkuhr, e) sehr teuer

SPRECHEN Example answers

1. 1 Ja, ich habe meine Armbanduhr verloren.
   2 Im Bus, glaube ich.
   3 Gegen zehn Uhr.
   4 Ja, sie ist weiß und ziemlich groß. Sie ist aus Plastik.
   5 Ja, mein Name ist X, und meine Adresse ist X.

2. 1 Ja, ich möchte einige Reiseschecks wechseln, bitte.
   2 Das sind englische Sterling-Reiseschecks.
   3 Hundert Pfund, wenn möglich.
   4 Ach, nein! Ich habe den Pass im Hotel vergessen.
   5 Ach, so ein Mist! Wann hat die Bank heute und morgen auf?

3. Sample statements
   Hallo, wie geht's? Mir geht's gut, danke. Die Reise war sehr lang, und es gab einen schrecklichen Sturm. Leider war ich ein bisschen seekrank. Ach, nein... Ich habe meinen Wecker und mein Wörterbuch zu Hause vergessen. Hast du vielleicht ein Wörterbuch, das ich mir ausleihen kann? Was gibt's heute zum Mittagessen? Ich esse gar nicht gern Karotten. Eis schmeckt mir sehr gut. Wann muss ich morgens aufstehen? Was machen wir nach der Schule? Kann ich meine Eltern kurz anrufen?

LESEN

1. 1a 2a 3b 4c

2. 1b 2c 3a

3. Brieftasche, gestern 8.00–9.00 Uhr, am Bahnhof, Leder/schwarz, 100 Mark/Foto/Karte für das Konzert

4. a ✓ b ✓ c ✗ d ✗ e ✗ f ✓ g ✓ h ✗ i ✗ j ✓

SCHREIBEN Example answers

1. Fotoapparat, Uhr, Portemonnaie, Schlüssel, Kaugummi, Bleistift

2. Hallo Kati!
   Ich bin auf einem Schüleraustausch in Hamburg! Ich bin bei einer sehr netten Familie mitten in der Stadt. Die Tochter heißt Sabine, und sie ist genauso alt wie ich! Wir verstehen uns sehr gut. Leider habe ich mein Wörterbuch zu Hause vergessen, aber Sabine hilft mir viel bei Deutsch. Gestern haben wir eine Stadtrundfahrt gemacht, und heute wollen wir den Hafen erst richtig besichtigen. Bis bald, ...

3B
Wenn man eine Fremdsprache lernen will, ist es am besten ins Land selber zu fahren. Das ist aber nicht immer möglich: es kostet viel, man kennt sich in dem Land nicht aus und hat deshalb Angst davor. Deshalb bietet ein Schüleraustausch eine sehr gute Möglichkeit, eine kurze Zeit in einem fremden Land zu verbringen. Beim Austausch hat man einen Brieffreund. Vor dem Besuch schreibt man sich und lernt sich ein bisschen kennen. Dann fährt man in das Land. Letztes Jahr habe ich an einem deutschen Schüleraustausch teilgenommen. Vor der Reise habe ich mich sehr darauf gefreut. Ich bin mit dreizehn Schülern aus der Klasse nach Bonn gefahren. Ich habe eine Woche bei meinem Brieffreund verbracht. Leider war es nicht so gut. Ich habe mich mit meinem Brieffreund gar nicht gut verstanden. Wir haben dauernd gestritten, und ich war sehr traurig. Seine Familie war aber sehr nett, und glücklicherweise habe ich einige Ausflüge mit seinen Eltern und seinem Bruder gemacht. Mein Deutsch ist ein bisschen besser geworden, aber eine Woche ist sehr kurz. Ich würde nochmal bei einem Austausch mitmachen, aber hoffentlich kriege ich einen besseren Brieffreund!

© Mary Glasgow Publications 1997

DIE MEDIEN — Vokabular

COMPUTER

der Computer (-)	computer
der Heimcomputer (-)	home computer
der Drucker (-)	printer
das Modem (s)	modem
die Festplatte (n)	hard disc
der Bildschirm	screen
die Diskette (n)	disc
der Cursor (-)	cursor
die Maus (Mäuse)	mouse
die Tastatur (en)	keyboard
die Taste (n)	key
das Internet	internet
die E-Mail	E-mail
die Textverarbeitung	word processing
das Netzwerk (e)	network
das Programm (e)	program
der Programmfehler (-)	bug
der Virus (Viren)	virus
das Dokument (e)	document
das Menü (s)	menu
der Zusammenbruch	crash
ein/tippen	to key in
programmieren	to program
sichern	to save
tippen	to type

GAMES

das Computerspiel (e)	computer game
das Videospiel (e)	video game
das Abenteuerspiel (e)	adventure game
die Simulation	simulation
die Stufe (n)	level
das Ziel (e)	aim
computersüchtig	computer-addicted
geschickt	skilful
interaktiv	interactive

PHONING

das Telefon (e)	phone
der Anrufbeantworter (-)	answerphone
der Anruf (e)	call
die Leitung (en)	line
besetzt	engaged
per Fax	by fax
das Telefonbuch (-bücher)	phone directory
die Telefonkarte (n)	phonecard
die Telefonnummer (n)	phone number
die Telefonzelle (n)	phone box
die Vorwahlnummer (n)	code
ab/heben	to pick up
an/rufen	to ring up
auf/legen	to hang up
klingeln, läuten	to ring
telefonieren	to phone

POST

die Post	post
das Postamt (-ämter)	post office
der Schalter (-)	counter
der Brief (e)	letter
die Postkarte (n)	postcard
das Päckchen (-)	small package
das Paket (e)	parcel
die Waage (n)	scales
die Briefmarke (n)	stamp
der Briefkasten (¨)	letter box
die Luftpost	airmail
der Absender (-)	sender
der Empfänger (-)	addressee
die Adresse (n)	address
die Postleitzahl (en)	postcode
der Umschlag (-schläge)	envelope
auf/geben	to post
liefern	to deliver
schicken	to send

MUSIC

die CD (s)	CD
der CD-Spieler (-)	CD player
die Kassette (n)	tape
der Kassettenrecorder (-)	tape recorder
das Radio (s)	radio
die Schallplatte (n)	record
die Stereoanlage (n)	hi-fi
der Walkman	walkman

TELEVISION

der Fernseher (-)	television
der Sender (-)	channel
die Sendung (en)	programme
das Kabelfernsehen (-)	cable television
das Satellitenfernsehen (-)	satellite television
das Videogerät (e)	video player

© Mary Glasgow Publications 1997

Vokabular

DIE MEDIEN

der Dokumentarfilm (e)	documentary
die Komödie (n)	comedy
der Krimi (s)	thriller
die Musiksendung (en)	music show
die Nachrichten (pl)	news
die Seifenoper (n)	soap opera
die Serie (n)	series
der Trickfilm (e)	cartoon

READING

das Buch (¨er)	book
das Gedicht (e)	poem
die Geschichte (n)	story, plot
der Roman (e)	novel
die Biographie (n)	biography
das Sachbuch (-bücher)	non-fiction book
das Taschenbuch (-bücher)	paperback
das Theaterstück (e)	play
die Zeitung (en)	newspaper
die Zeitschrift (en)	magazine
der Satz (¨e)	sentence
der Absatz (Absätze)	paragraph
das Bild (er)	picture
die Hauptfigur (en)	main character
der Held (en)	hero
die Heldin (nen)	heroine
der Schriftsteller (-)	writer (m)
die Schriftstellerin (nen)	writer (f)
der Titel (-)	title
lesen	to read

FILMS

das Theater (-)	theatre
das Kino (s)	cinema
die Kasse (n)	ticket office
die Karte (n)	ticket
der Platz (¨e)	seat
die Vorstellung (en)	showing
ausverkauft	sold out
der Film (e)	film
der Abenteuerfilm (e)	adventure film
der Horrorfilm (e)	horror film
der Liebesfilm (e)	love film

ADVERTS

die Anzeige (n)	advert (in paper)
das Poster (-)	poster
die Reklame	advert
der Slogan (s)	slogan
die Werbung	adverts

PHRASES

Kann ich bitte X sprechen?	Can I speak to X, please?
Kann ich etwas ausrichten?	Can I take a message?
Kann ich bitte eine Nachricht hinterlassen?	Can I leave a message, please?
Hier spricht Y.	It's Y here.
Ich versuche es später nochmal.	I'll try again later.
Auf Wiederhören.	Goodbye. (on phone)
Sehr geehrter Herr X,/Sehr geehrte Frau Y,	Dear Mr X/Dear Ms Y (on letter)
Sehr geehrte Damen und Herren,	Dear Sir/Madam, (on letter)
Lieber Hans,/Liebe Elsa,	Dear Hans/Dear Elsa, (on letter)
Hochachtungsvoll	Yours sincerely,
Mit freundlichen Grüßen	With best wishes,

Wie sagt man das auf Deutsch?
a Two 80 pfennig stamps, please.
b I'd like to send this parcel to Holland.
c Please put it on the scales.
d That's 40 marks, please.
e The book is about …
f What's on television tonight?
g Can I speak to your mother, please?
h I hate adverts in magazines.

Schreib sechs Wörter zu jedem Titel auf.
a Am Telefon
b Im Fernsehen
c Am Computer
d Im Theater
e Im Kino
f Beim Lesen

Die Antworten findest du in der Vokabelliste, oder frag deinen Lehrer/deine Lehrerin.

DIE MEDIEN — Hören

1 *[F]* Vier Leute sind bei der Post. Was passt zusammen?

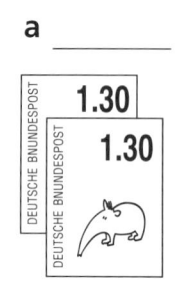

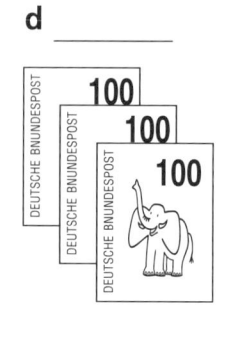

a _____ b _____ c _____ d _____

Numbers are bound to come up in some part of the exam, so make sure you are familiar with them before you go into the exam.

2 *[F]* Fünf Jugendliche sehen fern. Welches Programm sieht sich jeder an?

	1	2	3	4	5
Laut, lauter, am lautesten *Musiksendung mit Kiki*					
Heute abend *Nachrichten von heute*					
Feuer! *Film, USA 1995 (mit Untertiteln)*					
Mimi und Momo *Zeichentrickfilm für Kinder*					
Sport *live aus dem Münchner Stadion*					
Hafenstraße *Seifenoper*					

On a task like this where you have to find information in a grid and fill it in, it's a good idea to make quick notes for each of the speakers 1–5 as they speak. So, if you hear *Kinderprogramme* for statement 1, jot down something like 1 kind. prog. or just 'kids'. After you have heard the recording, find a *Kinderprogramm* in the grid and tick it for number 1.

3 *[F/H]* Hör der Telefonansage vom Kino zu. Trag die Details aus.

Kino 1
Film: ....
Zeit: ....
Karten: Erwachsene: .... Kinder: ....
Dauer: ....

Kino 2
Film: ....
Zeit: ....
Karten: Erwachsene: .... Kinder: ....
Dauer: ....

Whenever you've got specific information to fill in in a grid, read the headings before you hear the recording. You will find it easier to get the answers if you know what you are listening out for. Here, it's the name of a film, the time it starts, how many tickets are bought and how long the film lasts. You can ignore the other information on the recording.

4 *[H]* Sonja beschreibt ein gutes Buch. Beantworte die Fragen auf Deutsch.

a) Was ist der Titel des Buches?
b) Wann findet alles statt?
c) Wo findet alles statt?
d) Wer wohnte bei der Frau?
e) Was wurde auf dem Dorf abgeworfen?
f) Wie sah der Arzt aus?
g) Was machte er?
h) Was machte die Polizei?

Don't be daunted if you see questions in the past tense. You don't have to put your answer in the past tense, as you can just give a short answer and not a full sentence.

Sprechen

DIE MEDIEN

1 *[F]* Du bist bei der Post.

1	Gruß!	4	☎ ?
2	5 x 1DM	5	Gruß!
3	X		

1 Guten Tag.
2 Kann ich Ihnen helfen?
3 Sonst noch etwas?
4 Bitteschön.
5 Da vorne, neben der Tür.
6 Auf Wiedersehen.

If you can't remember how to ask a question, use your intonation to get the message across. For example, if you can't remember, Wo ist hier ein Telefon? you could just ask, Telefon, bitte?

2 *[F/H]* Du rufst bei einer Firma an. Du willst mit Frau Oberzieher sprechen. Du rufst wegen einer Jobanzeige in der Zeitung an.

1 Gib deinen Namen an.
2 Sag, mit wem du sprechen möchtest.
3 –
4 Erklär, warum du anrufst.
5 Beantworte die Frage.
6 Bedanke und verabschiede dich.

1 Firma-Apfelbaum, guten Tag.
2 Ja, guten Tag.
3 Moment, bitte. Ich verbinde.
4 Hallo. Frau Oberzieher.
5 Können Sie mir bitte etwas von sich erklären?
6 Vielen Dank. Die Formulare schicke ich Ihnen per Post.

3 *[H]* Du hast diese Anzeige in der Zeitung gesehen. Ruf an, und erkundige dich genauer.

Dein Name? Wen möchtest du sprechen?
Was möchtest du wissen?
Details? Preise?
Willst du das kaufen?
Persönliche Daten?

Zu verkaufen:
Computerspiele ab DM 34. Manche wie neu. Noch im Karton.
Tel: Heinz Seiger
06227 54-65-31

Don't be afraid to show off to the examiner. If you feel confident about using different tenses and constructions you have learnt, then try and bring them into your conversation. The examiner can only mark you on what you say, not what you know and don't say.

■ **Beantworte diese Fragen.**

Wie ist deine Telefonnummer?

Hast du einen Computer zu Hause?

Wie oft benutzt du einen Computer?

Was sind deine Lieblingssendungen?

Wie oft siehst du fern?

Hörst du gern Radio?

Was für Fernsehsendungen hast du gern?

Wie findest du Horrorfilme?

Was war der letzte Film, den du gesehen hast? Kannst du ihn kurz beschreiben?

Wofür benutzt du einen Computer?

■ **Gestern hast du einen tollen Film gesehen. Beschreib den Film.**

Gestern bin ich ...

Der Film heißt ...

Der Regisseur heißt ...

Der Film dauerte ...

Die Schauspieler waren ...

Die Musik war ...

Der Film handelte von ...

Es war sehr ...

Am Ende ...

© Mary Glasgow Publications 1997

DIE MEDIEN — Lesen A

1 [F] Sieh dir die Programmliste an und beantworte die Fragen.

When is there ...

a) a children's programme? _____
b) a music programme? _____
c) a soap opera? _____
d) news? _____
e) an American film? _____

Freitag 12. Mai auf Kabel 5
12.00 Spaß aus den 70er Jahren *Musiksendung*
13.00 Nachrichten
13.30 Wer gewinnt? *Spielshow*
14.20 Autobahn *Seifenoper*
15.20 Spiel mit *Kindersendung*
16.35 Im Wald *Dokumentarfilm*
17.00 Hilfe! *Aktions-Film, USA*

Make sure you read the questions properly, even when they're in English. Here you need to write down the <u>times</u> of the programmes, not their titles.

2 [F] Lies die Texte und trag die richtigen Nummern ein.

a) _____ liest nicht gern.
b) _____ liest am Computer.
c) _____ liest alles gern.
d) _____ ist Romantiker.
e) _____ liest Nachrichten.
f) _____ liest eine Illustrierte.

1 Ich lese gern alle Bücher.
2 Am Wochenende kaufe ich immer eine Mädchen-Zeitschrift.
3 Ich finde Lesen echt langweilig.
4 Ich surfe gern im Internet und lese allerlei Sachen am Bildschirm.
5 Ich liebe romantische Geschichten.
6 Ich lese jeden Tag die Zeitung.

It's best not to use the dictionary for a small reading task like this one – you won't get many marks for it, and your time would be best spent on getting on with the other sections on the paper.

3 [F/H] Lies den Text und wähl die richtige Antwort aus.

Meine Lieblingssendung heißt »Los geht's«. Es ist ein Jugendmagazin und kommt jeden Mittwoch um halb sechs auf SAT1. Die Sendung dauert eine halbe Stunde und die Moderatorin heißt Sigi Schmal. Sie ist sehr lustig und jede Woche interviewt sie drei oder vier Gäste. Die Gäste sind Sänger, Sportler und Filmstars. Zuerst sprechen sie einzeln über sich selber, aber dann am Ende gibt es ein großes Quiz für alle. Das ist das Beste daran, und die Zuschauer stellen Fragen. Manchmal sind die Fragen sehr schwierig, und wenn die Stars sie falsch beantworten, müssen sie eine Runde im Studio laufen.

1 »Los geht's« ist eine
a) Sendung für Erwachsene ☐
b) Sendung für junge Leute ☐
c) Sendung für Kleinkinder ☐

2 Die Sendung beginnt um
a) 17.30 ☐
b) 18.30 ☐
c) 18.00 ☐

3 Sigi Schmal
a) ist Gast bei der Sendung ☐
b) präsentiert die Sendung ☐
c) ist Zuschauerin ☐

4 Die Gäste sind
a) Jugendliche ☐
b) berühmte Leute ☐
c) Sigis Familie ☐

5 Am Ende müssen die Gäste
a) singen ☐
b) sich interviewen ☐
c) Fragen beantworten ☐

6 Manchmal sind die Fragen
a) sehr einfach ☐
b) gar nicht einfach ☐
c) langweilig ☐

If you've used every strategy you know to try and answer the questions but you still can't find the answer, just follow your gut instinct as you make a guess.

140 © Mary Glasgow Publications 1997

Lesen B

DIE MEDIEN

4 *[H]* Lies den Text und beantworte die Fragen auf Englisch.

Heutzutage gibt es überall Computer: zu Hause, in der Schule, im Geschäft, in der Bibliothek und sogar im Bus. Ohne Computer funktioniert nichts, so scheint es jedenfalls. Aber was für einen Einfluss haben Computer auf die Leute? Hier äußern sich drei Personen dazu:

Einen Computer habe ich im Zimmer zu Hause. Das hat halt jeder in der Klasse. Ich mache meine Schularbeiten darauf und manchmal spiele ich auch Computerspiele. Ich sitze gern am Computer und finde es gar nicht kompliziert. Wenn ich meine Hausaufgaben am Computer mache, kann ich sie dann nachher korrigieren und das hilft mir beim Lernen. Außerdem habe ich eine schlechte Handschrift, deshalb freuen sich die Lehrer, wenn ich meine Arbeit ausdrucke.
Fabian, 15 Jahre

Ich arbeite in der Computerindustrie, also gehören Computer zu meinem Leben. Ich habe einen Computer im Büro und einen Laptop habe ich auch – den brauche ich, wenn ich unterwegs bin. Ich benutze die Post kaum, weil ich ein Modem habe und meistens spreche ich mit anderen per E-Mail. Das finde ich viel besser als Leute anzurufen oder Briefe zu schreiben. Ein Leben ohne Computer wäre fast unvorstellbar, aber ich kann schon verstehen, dass ältere Leute noch Schwierigkeiten mit der neuen Technologie haben. Ich aber nicht!
Barbara, 28 Jahre

Ich arbeite bei einer Firma in der Stadt. Neulich haben wir alle neue Computer bekommen. Die neuen Computer verstehe ich leider gar nicht. Es gibt so viele Programme darauf, und ich habe wenig Interesse daran. Nächste Woche muss ich auf einen Weiterbildungskurs gehen, aber ich fürchte, dass ich es wahrscheinlich sehr schwierig finden werde. Vielleicht muss ich eine neue Stelle suchen, aber heutzutage braucht man überall Computerkenntnisse. Für die älteren Leute ist das nicht so einfach.
Werner, 56 Jahre

a) Name four places you find computers (as mentioned in the article). [2]

b) Name two things you can do with a computer (from the article). [1]

c) What are Werner's problems at work? [2]

d) How does Barbara communicate with people? [1]

Look carefully at how many marks there are for each question. Here a) has two marks so that's half a mark for each of the four places. c) has two marks, so you need to make sure that you write down two pieces of information about Werner's problem.

© Mary Glasgow Publications 1997

DIE MEDIEN

Schreiben

1 *[F]* Beschreib deine 5 Lieblingssendungen.

1. Power Rangers – Zeichentrickfilm
2.
3.
4.
5.
6.

Don't worry if you can't do an activity. Just leave it and go on to the next activity which you might find easier. Remember to go back to any activities you've left at the end, though, so you can try and put something down. You might find you can think of something then.

2 *[F/H]* Du willst deinen Computer verkaufen. Schreib eine kleine Anzeige dafür in der Lokalzeitung.

Zu verkaufen:

Don't write your text in English and then translate it into German as you will run out of time. It's better to write down a few key words in German to help you focus on what you want to write.

3 *[F/H]* Du willst morgen ins Kino gehen. Schreib einen kurzen Brief an eine Freundin/einen Freund und lade sie/ihn ein.
Schreib nicht mehr als 60 Wörter.

Wie heißt der Film?
Was für ein Film ist das?
Wann beginnt der Film?
Wo ist das Kino?
Wann trefft ihr euch?

Recycle any language provided in questions on a writing task to help you write your text. Here, you can adapt the questions quite easily: *Der Film heißt ... Er beginnt um ... Das Kino ist ... Treffen wir uns ...*

4 *[H]* Gestern abend bist du ins Theater gegangen. Du hast dieses Stück gesehen. Es hat dir sehr gut gefallen. Schreib einen Brief an einen Freund/eine Freundin und beschreib den Abend.
Schreib 100 Wörter auf Deutsch.

Das Jugendtheater präsentiert
OLIVER

«Die Musik war toll – am Ende wollte ich nicht nach Hause gehen!« *Bremer Morgenzeitung*
»Die Lieder sind wunderbar.« *Die Sonne*
»Ein reizender Abend.« *Bremer Abendpost*
»Diese jungen Leute sind sehr begabt.«

Besuchen Sie auch unser Theaterrestaurant im dritten Stock Mo.–Sa. ab 17.00
Tel. 76 21 91

You will often be asked to give your opinion about something, so make sure you go into the exam with a stock of useful phrases. Your sentences could start like this:
*Es hat mir gut gefallen, weil ...
Meiner Meinung nach war es ...
Es war sehr langweilig, aber ...*

© Mary Glasgow Publications 1997

Tapescript

DIE MEDIEN

1

1 Vier Briefmarken zu jeweils achtzig Pfennig, bitte.
2 Ich brauche drei Briefmarken zu jeweils einer Mark, bitte.
3 Kann ich bitte zwei Briefmarken zu jeweils sechzig Pfennig haben?
4 Zwei Briefmarken zu jeweils einer Mark dreißig, bitte.

2

1
Junge Na, Tina. Was gibt's denn?
Mädchen Guck mal. Es ist so lustig.
Junge Ach, Quatsch. Kinderprogramme finde ich doof.

2
Frau Oliver, was gibt's im Fernsehen?
Junge Ich schaue mir das Fußballspiel an. Es ist toll. Ach, Tor!

3
Mutter Irene, mach's bitte leiser. Das ist viel zu laut.
Mädchen Aber Mutti. Das ist meine Lieblingsband. Das Lied ist toll! Findest du nicht?

4
Frau Fabian. Solltest du nicht deine Hausaufgaben machen?
Junge Das tue ich doch. Ich sehe mir einen amerikanischen Film an. Das hilft mir sehr bei der Englischarbeit!

5
Junge Una, was kommt jetzt im Fernsehen?
Mädchen Ach, nichts Interessantes. Es gibt schon wieder Nachrichten. Langweilig!

3

Kino Heute läuft im Kino eins eine deutsche Komödie aus dem Jahre 1995 »Achtung! Kinder an Bord«. Die erste Vorstellung beginnt um achtzehn Uhr. Die zweite Vorstellung ist um zwanzig Uhr zehn. Die Karten kosten vierzehn Mark für Erwachsene und zehn Mark für Jugendliche unter sechzehn. Der Film dauert eine Stunde und zehn Minuten.

Im Kino zwei läuft der Horrorfilm »Dracula«. Wir haben Vorstellungen um siebzehn Uhr zwanzig, zwanzig Uhr fünfzig und dreiundzwanzig Uhr dreißig. Die Karten kosten zwanzig Mark. Eintritt nur ab achtzehn Jahre. Der Film dauert eine Stunde und fünfzig Minuten.

4

Sonja Ich habe gerade ein tolles Buch gelesen. Es ist von einem britischen Autor und heißt »Alles sah so gut aus«. Das Buch war sehr aufregend, und am Ende auch sehr traurig. Es handelte von einer Frau, die während des Zweiten Weltkriegs in einem Dorf auf dem Land wohnte. Viele Kinder haben bei ihr gewohnt – es waren auch Deutsche darunter – weil ihre Eltern sie aus der Stadt weg geschickt haben. Auf dem Land war es viel sicherer, aber dann wurde eines Tages eine Bombe auf das Dorf abgeworfen. Viele Leute kamen ums Leben, und einige Kinder waren auch verletzt. Die Frau versuchte, die Kinder zu retten, aber ein Junge, Konrad, war immer kränker geworden. Schließlich holte die Frau den Arzt. Er war ein gut aussehender Mann, und er half der Frau viel. Dem Jungen ging es bald besser, und der Arzt kam jeden Tag. Er verstand sich mit der Frau sehr gut. Alles war sehr schön, aber eines Tages kam die Polizei. Sie verhafteten die Frau und nahmen sie mit. Ich erzähle jetzt nicht weiter, sonst wisst ihr, wie es ausgeht. Also, kauft mal das Buch. Es ist echt toll!

© Mary Glasgow Publications 1997

Answers

DIE MEDIEN

HÖREN

1. a4 b1 c3 d2

2. 1 Mimo und Momo, 2 Sport, 3 Laut, lauter, am lautesten, 4 Feuer!, 5 Heute abend

3. Kino 1: Komödie »Achtung! Kinder an Bord«, 18.00/20.10, DM 14,-/DM 10,- 1 Stunde 10 Min.
   Kino 2: Horrorfilm »Dracula«, 17.20/20.50/23.30, DM 20,-/–, 1 Stunde 50 Min.

4. a) »Alles sah so gut aus«
   b) während des Zweiten Weltkriegs
   c) in einem Dorf auf dem Land
   d) viele Kinder
   e) eine Bombe
   f) gut
   g) er half Konrad und besuchte die Frau
   h) sie verhafteten die Frau und nahmen sie mit

SPRECHEN Example answers

1. 1 Guten Tag.
   2 Ja, ich möchte fünf Briefmarken zu einer Mark, bitte.
   3 Nein, danke. Das ist alles.
   4 Gibt es hier ein Telefon?
   5 Vielen Dank. Auf Wiedersehen.

2. 1 Guten Tag. Hier spricht X.
   2 Kann ich bitte mit Frau Oberzieher sprechen?
   4 Guten Tag. Mein Name ist X. Ich habe Ihre Jobanzeige in der Zeitung gesehen.
   5 Ja, ich bin sechzehn Jahre alt. Meine Adresse ist ... Meinen Namen schreibt man ...
   6 Danke sehr. Auf Wiederhören.

3. Sample statements
   Guten Tag. X am Apparat.
   Kann ich bitte mit Heinz Seiger sprechen?
   Ich habe Ihre Anzeige in der Zeitung gesehen.
   Ich interessiere mich für Ihre Computerspiele.
   Was für Spiele sind das genau?
   Was kostet jedes Spiel?
   Ich möchte das kaufen, wenn möglich.
   Kann ich vorbeikommen und mir die Spiele ansehen?
   Wo wohnen Sie?

LESEN

1. a) 15.20, b) 12.00, c) 14.20, d) 13.00, e) 17.00

2. a3 b4 c1 d5 e6 f2

3. 1b 2a 3b 4b 5c 6b

4. a) at home, school, shop, library, bus, office (any 4), b) do school work/homework, play games, send e-mail (any 2)
   c) they've just got new computers and he doesn't understand how they work; he's afraid he won't understand the training course
   d) e-mail

SCHREIBEN Example answers

1. Blue Peter – Kindersendung, Top of the Pops – Musiksendung, Neighbours – Seifenoper, Mr Bean – Komödie, Panorama – Dokumentarfilm

2. Zu verkaufen: ein Computer mit Computerspielen. Besonders preiswert: nur DM 179. Fast wie neu. Handbücher dabei. Ruf mich sofort an: X, 0187 23 67 12.

3. Hallo Peter!
   Hast du morgen frei? Ich möchte ins Kino gehen, und ich lade dich ein! Der Film heißt »Sturm« und ist ein Actionfilm. Die Vorstellung beginnt um halb acht im Kino an der Hauptstraße. Treffen wir uns um sieben Uhr im Eiscafé gleich gegenüber? Ruf mich an, wenn du mitkommen kannst.
   Bis morgen (hoffentlich!), ...

4.
                                          Jenbach, 4. Mai
Liebe Sonja,
ich muss dir sofort schreiben, weil ich gestern abend so ein wunderbares Stück im Theater gesehen habe. Es war das Musical ‚Oliver', und die Musik war echt toll. Die Lieder kennst Du schon, oder? Schade, dass du nicht dabei warst. Die Schauspieler waren alle sehr professionell, und sie sind alle unter 16 Jahre alt. Das Theater ist sehr groß, aber kein einziger Platz war frei. Die Vorstellung war total ausverkauft. Die Kostüme waren wirklich Klasse, und das Orchester war ausgezeichnet.
Am Ende habe ich so laut geklatscht, dass mir die Hände weh getan haben! Nach dem Stück habe ich mit meinen Eltern im Theaterrestaurant gegessen. Das Essen war einmalig.
Hoffentlich gehe ich bald wieder ins Theater – vielleicht ist das mein neues Hobby!
Alles Liebe, ...